ROBIN SHARMA

DAS VERMÄCHTNIS MEINER FAMILIE

Wie Sie Ihren Kindern helfen,
die großen Träume ihres Lebens
zu verwirklichen

Bibliografische Information der Deutschen Nationalbibliothek
Die Deutsche Nationalbibliothek verzeichnet diese Publikation in der Deutschen Nationalbibliografie. Detaillierte bibliografische Daten sind im Internet über http://dnb.d-nb.de abrufbar.

Für Fragen und Anregungen:
info@finanzbuchverlag.de

Wichtiger Hinweis
Ausschließlich zum Zweck der besseren Lesbarkeit wurde auf eine genderspezifische Schreibweise sowie eine Mehrfachbezeichnung verzichtet. Alle personenbezogenen Bezeichnungen sind somit geschlechtsneutral zu verstehen.

1. Auflage 2023

Türkenstraße 89
80799 München
Tel.: 089 651285-0
Fax: 089 652096

Die englische Ausgabe erschien 2001 bei HarperCollins Publishers Ltd. unter dem Titel *Family Wisdom from the Monk Who Sold His Ferrari*.

Übersetzung: Jutta Ressel
Redaktion: Anne Horsten
Korrektorat: Christine Rechberger
Umschlaggestaltung: Marc-Torben Fischer, München
Umschlagabbildung: Mönch, iStockPhoto
Satz: ZeroSoft, Timisoara
Druck: GGP Media GmbH, Pößneck
Printed in Germany

Wir produzieren nachhaltig
www.m-vg.de

ISBN Print 978-3-95972-641-2
ISBN E-Book (PDF) 978-3-98609-228-3
ISBN E-Book (EPUB, Mobi) 978-3-98609-229-0

Weitere Informationen zum Verlag finden Sie unter
www.finanzbuchverlag.de
Beachten Sie auch unsere weiteren Verlage unter www.m-vg.de

Ich widme dieses Buch meinen wundervollen Kindern Colby und Bianca, die zu den größten und weisesten Lehrern in meinem Leben gehören. Ich liebe euch beide sehr.

Ich widme dieses Buch auch meinem lieben Freund und Kollegen George Williams, einem Mann, der viele Menschen positiv beeinflusst und uns viel zu früh verlassen hat.

Und schließlich widme ich dieses Buch Ihnen, liebe Leserin und lieber Leser. Ich hoffe, dass die Ratschläge auf diesen Seiten Ihnen helfen werden, zu einem weiseren Menschen, einem besseren Elternteil und zu einer Führungspersönlichkeit in der Familie zu werden, welche die Kinder dieser Welt inspiriert, ein reicheres und besseres Leben zu führen.

In 100 Jahren werden mein Kontostand, in welchem Haus ich wohne und welches Auto ich fahre vollkommen unwichtig sein. Aber die Welt ist dann vielleicht eine andere, weil ich für das Leben eines Kindes wichtig war.

Unbekannter Verfasser

Wer in den Herzen nahestehender Menschen weiterlebt, stirbt nicht.

Thomas Campbell

INHALT

Danksagung

Zuerst danke ich allen Menschen auf dieser Welt, welche die Bücher der Reihe *Der Mönch, der seinen Ferrari verkaufte* gelesen haben und so weise waren, mit dem darin vermittelten Wissen nicht nur ihr eigenes Leben, sondern auch das anderer Menschen zu bereichern. Ich habe mich sehr über Ihre Briefe und E-Mails gefreut, in denen Sie mir mitteilten, wie Ihnen meine Ratschläge auf Ihrer Reise durchs Leben geholfen haben. Ich empfinde großen Respekt für Sie und Ihren Mut, sich zu verändern, zu wachsen und als Führungspersönlichkeit zu wirken.

Mein besonderer Dank gilt meinen Freunden bei Harper-Collins, die mich unterstützt, ermutigt und inspiriert haben, diese Bücher zu schreiben. Ich bedanke mich bei Iris Tupholme, Claude Primeau, Judy Brunsek, David Millar, Lloyd Kelly, bei meiner Publizistin Doré Potter, bei Marie Campbell, Pauline Thompson und vor allem bei Nicole Langlois, meiner einfühlsamen, hervorragenden Lektorin.

Zu würdigen gilt es ferner meine überaus engagierte Assistentin Ann Green, die während meiner Arbeit an diesem Buch meine Termine koordiniert hat, sowie meinen Kollegen Richard Carlson, ein Mann, der seine Überzeugungen lebt, und meinen Freund Malcolm MacKillop, der mir sein Domizil am See zur Verfügung gestellt hat. Dank ihm durfte ich *Das Vermächtnis meiner Familie* in dieser herrlichen Umgebung zu Ende schreiben.

Mein Dank richtet sich auch an meine Mentoren, darunter Gerry Weiner, Ed Carson und Lorne Clarke, die mir geholfen haben, auf der Spur zu bleiben. Dankbar bin ich auch meinen Klienten; ich betrachte es als ein Privileg, meine Botschaft zum Thema Führungskompetenz auf Ihren Konferenzen vermitteln zu dürfen. Außerdem weiß ich zu schätzen, dass Sie den Menschen als die Seele Ihrer Unternehmen betrachten. Unter diesem Aspekt danke ich besonders herzlich Jill Hewlett, die diese Weisheit mit Leben füllt. Mein tiefer Dank gilt meinen Eltern Shiv und Shashi Sharma – einem leuchtenden Beispiel für hervorragende Eltern – für all eure Liebe, Freundlichkeit und Unterstützung, die ihr mir geschenkt habt. Ein großes Dankeschön auch meinem Bruder Sanjay und meiner Schwägerin Susan – ihr seid immer da, wenn ich euch am meisten brauche.

Und schließlich danke ich Colby und Bianca, meinen beiden Kindern, weil sie mir so viel Freude bereiten.

MEIN GROSSES ERWACHEN

Es macht uns generell Angst, schließlich zu jenem Menschen zu werden, auf den wir in einem Augenblick absoluter Perfektion einen kurzen Blick zu werfen vermochten.

Abraham Maslow

Das Traurigste am Leben ist nicht, dass wir sterben müssen, sondern nicht wirklich zu leben, solange wir lebendig sind. Zu viele von uns geben sich mit wenig zufrieden und unterdrücken somit das gewaltige Potenzial des Menschseins. Meiner Erfahrung nach bemisst sich der Wert des Lebens letztendlich nicht danach, wie viele Güter wir angesammelt oder wie viel Geld wir angehäuft haben, sondern wie viele Talente wir ausgelebt und zum Wohl der Welt genutzt haben. Was wirklich zählt, sind die Leben, die wir positiv beeinflusst haben, und das Vermächtnis, das wir hinterlassen. Tolstoi fand dafür die richtigen Worte, als er sagte: »Wir leben nur für uns, wenn wir für andere leben.«

Ich habe 40 Jahre gebraucht, um diese einfache Weisheit zu entdecken. 40 lange Jahre, um herauszufinden, dass Erfolg sich nicht wirklich verfolgen lässt. Er entsteht einfach und tritt als unbeabsichtigter, aber zwangsläufiger Nebeneffekt in unser Leben, wenn wir durch unser Dasein das der anderen bereichern. Sobald Sie Ihre Perspektive vom täglichen Überleben weg darauf ausrichten, anderen ein Leben lang zu dienen, werden Sie unweigerlich überaus erfolgreich sein.

Ich fasse es noch immer nicht, dass ich erst nach der »Halbzeit« meines Lebens erkannt habe, dass unsere wahre Erfüllung als Mensch sich nicht großen Errungenschaften verdankt, die uns auf die Titelseiten der Medien katapultieren, sondern einem elementaren, förderlichen Anstand, für den sich ein jeder von uns tagtäglich entscheiden kann. Mutter Teresa, die wohl großartigste Führungspersönlichkeit der Herzen, die jemals gelebt hat, sagte so überaus treffend: »Es gibt keine großen Taten, sondern nur kleine Taten, die wir mit großer Liebe tun.« Diese Erkenntnis habe ich in meinem Leben auf recht harte Weise gewonnen.

Noch bis vor Kurzem war ich so damit beschäftigt, allem Möglichen hinterherzujagen, dass ich mein Leben schier verpasst habe. Ich war so auf die großen Freuden des Daseins aus, dass ich die kleinen versäumte, diese Minifreuden, die wir tagtäglich in unserem Leben finden und aus ihm ziehen, denen wir jedoch oft keine Beachtung schenken. Meine Tage waren randvoll mit Terminen, mein Verstand war überarbeitet und mein Geist unterversorgt. Mein Leben spiegelte, ehrlich gesagt, den äußeren Erfolg wider, war jedoch die reinste Bankrotterklärung, wenn es um innere Bedeutung ging.

Ich war von der alten Schule, nach der Glücksgefühle sich schon einstellen würden, wenn ich mir das richtige Auto kaufte, das passende Haus erwarb und im Beruf angemessen befördert würde. Ich beurteilte den Wert eines Menschen nicht nach der Größe seines Herzens und seiner Charakterstärke, sondern nach der Größe seiner Brieftasche und seinem Kontostand. Vielleicht sagen Sie jetzt, dass ich kein guter Mensch war. Dem würde ich entgegenhalten, dass ich vom Sinn des Lebens einfach keine Ahnung hatte und auch nicht wusste, wie ich mich verhalten sollte, während ich so dahinlebte. Vielleicht lag es an den Leuten, die mich umgaben, aber all meine Bekannten in der Geschäftswelt lebten nach dieser Philosophie. Wir alle widmeten die besten Stunden des Tages dem Erklimmen der Karriereleiter und träumten davon, auf diese Weise ein Luxusbüro, eine prächtige Sommervilla auf dem Land und vielleicht ein spektakuläres Ski-Chalet in Frankreich zu ergattern. Wir wollten alle berühmt, bewundert und respektiert sein. Wir wollten alle stinkreich sein. Und vor allem wollten wir anerkannt sein.

Obwohl ich irgendwann einmal eine Familie gründen wollte, träumte ich doch eher davon, auf der Titelseite von *Forbes* oder *Fortune* zu erscheinen – wobei unter meiner schlanken Gestalt die Schlagzeile zu lesen stand: »Catherine Cruz: die Topmanagerin, die sich über alle Regeln hinweggesetzt und dennoch gewonnen hat.« Jedenfalls schwebte mir das eher vor, als Kindern bei irgendwelchen Pseudo-Wettkämpfen zuzujubeln. Auf dem Weg zur Arbeit wiederholte ich Affirmationen im Stil von »Heute ist der beste Tag meines Lebens«

und »Ich habe den Verstand eines Millionärs und das Herz einer Kriegerin«. Ich sehe Sie jetzt den Kopf schütteln, aber ich wollte damals unter allen Umständen Erfolg haben – und hätte dafür so ziemlich alles getan. Ich hätte gesagt, worum man mich gebeten hätte, getan, was man von mir verlangt hätte, und jeden beiseitegeschoben, der das Pech hatte, mir im Weg zu sein. Ich kann nicht behaupten, dass ich damals stolz auf mich war. Ich sage nur, dass ich damals so war. Ich war hart, rücksichtslos, ehrgeizig und getrieben – bis hin zu dem Fehler, meine Gefühle auszuklammern, um in meiner selbst geschaffenen Welt zu überleben.

Mein Leben definierte sich durch meine Arbeit, und ich glaubte, dass es mir vorbestimmt war, den Zenit des beruflichen Erfolgs zu erreichen. An einer Wand in meinem Büro prangte dieses Zitat des großen amerikanischen Dichters Henry Wadsworth Longfellow, das meine Überzeugung ausdrückte:

Das Leben großer Männer erinnert uns,
dass wir unser Leben erhaben leben,
und beim Abschied
unseren Fußabdruck im Sand der Zeit
hinterlassen können.

Sicher, viele von meinen Kommilitonen und ich plapperten zuckersüße Plattitüden nach wie »Der Mensch kommt zuerst« oder »Es kümmert die Menschen nicht, wie viel du weißt, solange sie nicht wissen, wie sehr du dich um sie kümmerst«. Solche Worte predigten uns nur allzu oft betuchte Therapeuten und wohlmeinende Wirtschaftsprofessoren. Aber tief im Inneren hegte ein jeder nur einen Wunsch: sich selbst zu dienen und seine Ziele, Hoffnungen und Träume zu verfolgen – und zwar ungeachtet, auf wie vielen Menschen er dazu herumtrampeln musste. Und so opferten wir unsere Seelen dem beruflichen Erfolg und dem großen Geld. Wir investierten alles in unsere Arbeit. Und auch wenn es mir jetzt peinlich ist, das zuzugeben, so hatte ich in den ersten Jahren durchaus meinen Spaß dabei. Ja, es hat mir wirklich Spaß gemacht.

Als beste Studentin meines Semesters konnte ich mir die renommiertesten Arbeitgeber der Welt aussuchen. Da ich schon immer gern ein bisschen rebelliert habe, war es mir ein Vergnügen, sämtliche sechsstelligen Angebote in den Wind zu schlagen – sehr zum Kummer meiner Mutter, die meinte, ich hätte den Verstand verloren. Ganz im Sinne des Rats von einem meiner Lieblingsprofs an der Wirtschaftsfakultät, der auch nicht gerne mit dem Strom schwamm (und immer gepredigt hatte: »Wenn Sie auf der Suche nach dem idealen Job sind, fragen Sie sich nicht ›Würde ich für diese Firma gern arbeiten?‹, sondern fragen Sie sich stattdessen: ›Wäre ich gern Eigentümer dieser Firma?‹«). Jedenfalls landete ich in einer vielversprechenden Managerposition bei einer wenig bekannten Finanzierungsgesellschaft, die allerdings über ein enormes Wachstumspotenzial verfügte. Man sollte nie die Macht von Aktienoptionen unterschätzen, die selbst den zunächst uninteressiertesten Bewerber anzulocken vermögen.

Jeden Morgen flitzte exakt um 5.15 Uhr mein glänzender schwarzer Mercedes – eine Gratifikation meines Arbeitgebers bei Vertragsunterzeichnung – durch die Tiefgarage des 70 Stockwerke hohen Büroturms aus Glas und Metall, in dem ich die kommenden fünf Jahre mein Leben verbringen sollte. Die neueste Ausgabe des *Wall Street Journal* in der einen und meinen Kroko-Aktenkoffer in der anderen Hand, strebte ich zu den Aufzügen, um in mein Büro in der 62. Etage zu gelangen. Dort war mein wirkliches Zuhause.

Sobald ich dort ankam, kontrollierte ich die Mailbox, rief alle Leute zurück und machte mich dann daran, die nächsten – fast schon chaotischen – 16 bis 18 Stunden in einem Zustand höchster Anspannung zu durchleben. Schlag auf Schlag wurde ich zur Gruppenleiterin, Abteilungsleiterin und schließlich Vizepräsidentin befördert, all das bevor ich 35 Jahre alt war. Ich hatte das Vergnügen, erster Klasse rund um die Welt zu fliegen, mit der Crème de la Crème der Geschäftswelt in Kontakt zu kommen, in den nobelsten Restaurants zu speisen und Geschäfte unter Dach und Fach zu bringen, die meine Zeitgenossen grün vor Neid werden ließen. Schließlich bezog ich ein Luxusbüro und kaufte mir dann – dank meiner Aktien, die wie erhofft in schwindelerregende Höhen stiegen – auch das besagte Ski-Chalet.

Vor ein paar Jahren gründeten ein paar Freunde von der Wirtschaftsfakultät und ich die Internetfirma BraveLife.com. Sie bot Unternehmen eine revolutionäre neue Methode, ihre Angestellten fortzubilden, um in diesen vom Konkurrenzkampf geprägten Zeiten alle Trümpfe in der Hand zu haben.

Wir hatten unser Unternehmen eigentlich nur so aus Spaß an der Freude aufgezogen, doch BraveLife.com wurde sofort der Renner. Innerhalb weniger Monate stellte so ziemlich jedes bedeutende Wirtschaftsblatt des Landes unsere einzigartige Geschäftsidee vor. Da unsere Firma den Experten zufolge der perfekte Kandidat für einen Börsengang war, umschwirrten uns die Risikokapitalanleger wie die Geier, um den Zuschlag zu kriegen. Meinen Partnern und mir war jedenfalls klar, dass wir bald reich sein würden. Es passte einfach alles zusammen – genau wie ich es mir in einer ruhigeren Minute immer vorgestellt hatte. Bald wäre ich wohlhabend, berühmt und geliebt. Ich könnte mir alle materiellen Besitztümer leisten, nach denen ich mich so gesehnt hatte, und hätte zudem noch die Mittel, um mein Leben nach meiner Façon zu gestalten. Ich war auf dem Weg an die Spitze und würde dann so leben, wie ich es mir immer gewünscht hatte. Und doch stolperte ich, als ich meinen Träumen immer näher kam, über eine seltsame Erkenntnis, die mir den Wind aus den Segeln nahm. Egal was ich auch tat, es ließ sich einfach nicht leugnen, dass ich mich als Mensch schlichtweg mies fühlte.

* * *

Seit sieben Jahren führte ich eine Ehe, der es an jeglicher Leidenschaft und Gefühl fehlte. Ich hatte meinen Mann Jon Cruz auf einem Landsitz in der Wildnis kennengelernt; mein erster Arbeitgeber schickte dort seine oberste Management-riege hin, um deren Führungsqualitäten noch weiter auszubauen. Jon kämpfte sich als Unternehmer durch und hoffte in den Bergen auf gute Ideen zu kommen. Wir waren zufällig im gleichen Team und bekamen die Aufgabe, mitten in der Nacht eine Felswand zu erklimmen. Er bewunderte meine Unerschrockenheit und Ausdauer, ich fühlte mich sofort von seiner Sanftheit und Leidenschaftlichkeit dem Leben gegenüber angezogen. Wir verliebten uns und waren – entgegen meiner sonst so vorsichtigen Art – schon sechs Wochen später verheiratet.

Jon war ein anständiger Kerl in einer Welt, die Charakterstärke und Aufrichtigkeit nicht mehr den verdienten Stellenwert zugesteht. Die ersten Jahre unseres Zusammenseins waren erfüllt von vielen schönen Momenten, doch mit der Zeit vernachlässigten wir unsere Beziehung, bis sie schließlich den Bach hinunterging. Er liebte die Natur und spannende Unternehmungen im Freien, ich liebte schicke Restaurants und hochgestochene Modeschauen. Er sammelte schöne Bücher und hatte seinen Spaß daran, auf der Veranda hinter dem Haus etwas zu schnitzen, während ich edle Weine sammelte und Kunst schätzte. Aber ich muss sagen, dass nicht unsere Unterschiedlichkeit zu dieser alles andere als perfekten Ehe führte. Das eigentliche Problem bestand darin, dass ich nie zu Hause bei meinem Mann war.

Wenn ich abends irgendwann durch die Einfahrt fuhr, schlief Jon schon längst. Und wenn er morgens aufstand, bahnte sich mein Mercedes bereits seinen Weg ins Büro. Auch wenn wir unter einem Dach wohnten, führte doch jeder sein eigenes Leben. Aber ich fühlte mich nicht nur wegen meiner Beziehung mit Jon leer und mutlos. Wir hatten zwei kleine wundervolle Kinder, und mir war klar, dass sie unter meiner ständigen Abwesenheit litten. Sie beschwerten sich mit keinem Wort darüber, dass ich ständig im Büro war. Aber ihre Augen zeigten ihre Enttäuschung und wie sehr sie sich nach einer innigeren Beziehung zu ihrer Mutter sehnten.

Porter, unser Sohn, war gerade sechs geworden, und Sarita, unsere Tochter, war drei. Ich wusste, dass diese frühen Jahre für die Entwicklung ihrer Persönlichkeit am wichtigsten waren. Ich wusste, dass sie in dieser Phase von liebevollen Vorbildern umgeben sein wollten, die ihre jungen Seelen mit Zärtlichkeit und Weisheit beschenkten. Ich wusste, ich würde die vielen Stunden, die ich ohne sie verbrachte, einmal bedauern. Aber aus einem unerklärlichen Grund konnte ich mich einfach nicht vom Büro und all den Verpflichtungen meines superkomplexen Berufslebens losreißen.

»Das Leben ist wie eine Reihe von Fenstern mit sich eröffnenden Chancen, die alle zusammen ein Ganzes ergeben«, sagte mein kluger Vater immer zu mir. Ich hatte so viel gesunden Menschenverstand und war auch intelligent genug zu begreifen, dass Porter und Sarita nur einmal klein waren und dass sie mich jetzt brauchten. Sobald sich dieses Chancen-Fenster schloss, wäre auch meine Gelegenheit für immer vertan, meine Kinder mit Werten, Tugenden und Vorstellungen auszustatten, sodass sie später ein erfülltes Leben führen konnten. Und ich wusste, dass ich es mir nie verzeihen würde, nicht für sie da gewesen zu sein, als sie mich am dringendsten brauchten. Ich hatte scheinbar weder den

Mut, mein chaotisches Leben aufzugeben und über meine Prioritäten nachzudenken, noch war ich so klug, diese Prioritäten meines Daseins überhaupt infrage zu stellen. So sehr ich es auch versuchte, ich konnte einfach nicht aufhören, in diesem Irrsinnstempo zu arbeiten und in meinem Leben wieder so etwas wie Harmonie herzustellen. Ich meinte wirklich, ohne den ständigen Adrenalinstoß und ohne meinen knallvollen Terminkalender, der schließlich von meiner Wichtigkeit zeugte, nicht existieren zu können. Auch wenn ich in aller Öffentlichkeit noch so sehr bekannte, wie wichtig mir meine Familie war, so ließen die Tatsachen doch eindeutig auf etwas anderes schließen. Offensichtlich kamen Jon und die Kinder an zweiter Stelle nach meiner Karriere samt meinem Wunsch reich zu werden.

Die beste schlimmste Erfahrung meines Lebens

Wenn ich mein Leben noch einmal führen müsste, würde ich mich mehr entspannen. Ich wäre alberner denn je auf dieser Reise. Ich würde auf mehr Berge steigen, durch mehr Flüsse schwimmen und mir mehr Sonnenuntergänge anschauen. Ich hätte mehr tatsächliche Probleme und weniger eingebildete. Ach, es hat durchaus schöne Augenblicke in meinem Leben gegeben, aber wenn ich noch einmal von vorne anfinge, dann hätte ich mehr davon. Ich würde wahrhaftig versuchen, nichts als nur das zu haben – schöne Augenblicke, einen nach dem anderen. Und ich würde mehr Gänseblümchen pflücken.

Nadine Stair, 89 Jahre alt

Die meisten Menschen stellen erst fest, worum es im Leben geht, wenn sie bald darauf sterben. Unmittelbar mit dem Tod konfrontiert, erwachen sie zur tiefsten Bedeutung des Lebens, und es wird ihnen klar, was sie alles verpasst haben.

Das Leben kann in dieser Hinsicht recht grausam sein. Seine Gaben leuchten den Menschen oft erst am Ende ein. Solange wir jung sind und das ganze Leben noch vor uns liegt, vertagen wir es oft. »Nächstes Jahr will ich mehr Zeit in der Natur verbringen – oder mehr lachen oder mehr lieben. Nächstes Jahr werde ich mehr Zeit mit meinen Kindern verbringen und alle großen Werke der Literatur lesen. Nächstes Jahr will ich mehr Sonnenuntergänge beobachten und intensivere Freundschaften aufbauen. Aber momentan habe ich noch jede Menge zu erledigen und muss zig Leute treffen.« So hört sich die Standardlitanei in unserem Zeitalter an. Nun, ich habe die Erfahrung gemacht, dass das Leben einem übel mitspielt, wenn man sich am Spiel des Lebens nicht wirklich beteiligt. Aus Tagen werden Wochen und Monate, und bevor man sich noch versieht, ist das Leben auch schon vorbei. Die darin enthaltene Weisheit liegt eigentlich auf der Hand: *Hören Sie auf, Ihr Leben fremdbestimmt zu führen, und fangen Sie an, es selbst zu gestalten.* Mischen Sie bei dem Spiel wieder mit und ergreifen Sie Maßnahmen, um sich die reiche Realität zu schaffen, die Ihnen – wie Sie im Grunde Ihres Herzens wissen – zusteht. Fangen Sie heute an, Ihr Leben so zu führen, wie Sie es sich auf dem Sterbebett wünschen würden. Oder, um es mit Mark Twain zu sagen, leben Sie Ihr Leben in vollen Zügen, damit sogar dem Totengräber bei Ihrer Beerdigung noch die Tränen kommen.

* * *

Wir leben in einer seltsamen Welt. Wir können punktgenau Raketen über den Globus senden, aber es fällt uns schwer, über die Straße zu gehen, um einen neuen Nachbarn zu begrüßen. Wir verbringen mehr Zeit mit Fernsehen als mit unseren Kindern. Wir behaupten, dass wir die Welt verändern wollen, sind aber nicht willens, uns selbst zu verändern. Wenn dann in unserem Leben die Sonne untergeht, nehmen wir uns ein wenig Zeit, um kurz und intensiv nachzudenken. Wir erhaschen einen Blick auf die Freuden, die wir hätten erfahren können, auf die Freundlichkeit, die wir hätten geben können, und auf die Art Mensch, die wir hätten sein können. Aber dann ist es schon zu spät. Bis die meisten von uns zum Leben erwachen, ist es Zeit zu ruhen. Zum Glück kam mein Erwachen dann doch früher.

Ich war nach San Francisco unterwegs, um bei einer High-Tech-Konferenz über den Erfolg von BraveLife.com zu sprechen. Um ein Haar hätte ich wegen eines Schneesturms, der fast die ganze Stadt samt Autoverkehr lahmlegte, meinen Flieger verpasst. Endlich an Bord des Flugzeugs machten meine beiden Geschäftspartner und ich es uns in unseren Erste-Klasse-Sitzen bei einem hervorragenden Glas Wein bequem. Wir diskutierten, wie wir die anstehende Präsentation am besten über die Bühne bringen wollten. Wir unterhielten uns rund 30 Minuten, dann entschuldigte ich mich. Nach dem langen, anstrengenden Tag war ich müde und nickte ein.

Plötzlich wurde ich von einer Ansage des Piloten geweckt: »Wir haben recht garstiges Wetter hier oben, Leute. Und so wie es aussieht, wird es gleich noch rauer. Bitte vergewissern

Sie sich, dass Ihr Sicherheitsgurt geschlossen ist und klappen Sie Ihr Tablett nach oben«, lautete die vertraute Anweisung. Auch wenn er sich größte Mühe gab, ruhig zu klingen, verriet ihn seine Stimme. Mir schoss durch den Kopf, ob es sich nicht doch um etwas Ernsteres handelte. Mein Herz schlug schneller, als er fortfuhr: »Wie es aussieht, ist dieses unerfreuliche Wetter für uns an Bord eine echte Herausforderung. Bleiben Sie also angeschnallt. Ich informiere Sie über den Sturm, sobald wir Näheres wissen.«

In dem Moment ging auch schon das Licht in der Kabine aus und die Notbeleuchtung sprang an. Das Flugzeug wurde kräftig durchgeschüttelt, Teller fielen zu Boden. Die anfangs noch halbwegs erträgliche Turbulenz war dann doch zu viel für mich und mir wurde übel. Ich schaute meinem Partner Jack ins Gesicht – er sah aus wie Warren Beatty in jungen Jahren und hatte wie ich zwei kleine Kinder zu Hause. Normalerweise wusste er Ausnahmesituationen zu meistern, doch jetzt war er eindeutig entsetzt und fing an zu hyperventilieren. Als er zittrig meine Hand nahm, presste er ein paar Worte hervor, die ich nie vergessen werde: »Catherine, ich glaube, der Vogel stürzt ab.«

* * *

Es ist schwierig zu beschreiben, wie ich mich in den folgenden Minuten gefühlt habe. Ich wusste, dass Jack recht hatte, aber aus irgendwelchen seltsamen Gründen überkam mich so etwas wie Frieden und Akzeptanz. Ich umklammerte seine

Hand und schloss die Augen. Und ich dachte an meine Kinder. Mir wurde das Herz schwer, als ein Bild des lächelnden Porter vor meinem geistigen Auge erschien. Ich erinnerte mich, wie er seine ersten Worte stammelte, und auch an die ersten Schritte dieses tollen kleinen Burschen. Ich sah ihn lachend in dem Baumhaus, das Jon hinter dem Haus für ihn gebaut hatte. Ich sah, wie er an einer Karotte knabberte, die er in Erdnussbutter stippte – eine Leckerei, die ihn seiner Meinung nach später einmal zum Superhelden machen würde. Ich sah, wie Sarita kichernd auf ihrem Bett auf und nieder hopste, wobei sie aus voller Kehle Kinderlieder sang. Und dann sah ich Jon, wie er sich auf der Veranda hinter dem Haus neben dem Grill entspannte – er liebt diesen Ort angeblich mehr als mich, wie er im Scherz immer sagt –, während er ein eisgekühltes Corona mit einer Limonenscheibe oben drauf trinkt. Fast schon in Zeitlupe sah ich dann uns vier bei unserem einzigen Familienurlaub, den wir je miteinander verbracht haben. Wir waren durch die kanadischen Rockies gereist. Das eigentlich Interessante bei all dem ist allerdings: Mir gingen in den letzten paar Minuten, bevor das Flugzeug abstürzte, Unmengen Gedanken durch den Kopf, aber nicht einer hatte mit mir oder dem Geschäft zu tun. Ich denke, es stimmt, was weise Leute seit Jahrhunderten sagen: *Am Ende deines Lebens wirst du feststellen, dass alles, was du für wichtig gehalten hast, eigentlich Nichtigkeiten waren, und alles, was du für Nichtigkeiten gehalten hast, wirklich wichtig war.*

In diesem Augenblick meines Lebens, als ich dem Tod ins Gesicht starrte, dachte ich nicht über das Geld nach, das ich verdiente, oder das Auto, das ich fuhr, oder den Titel, der auf meiner Visitenkarte stand. Meine Gedanken wanderten nicht ab in Richtung Gewinn, den unsere Firma erwirtschaftet hatte, oder zum Titelblatt einer Zeitschrift, auf der ich abgebildet gewesen war. *Ich konnte nur an meine Familie denken.* Und daran, wie sehr ich sie liebte, wie sehr ich sie vermissen würde und wie sehr ich es bereute, ihr nicht mehr Zeit geschenkt zu haben. Mein Vater sagte immer, er habe nie gesehen, dass hinter einem Leichenwagen ein Möbelwagen zum Friedhof fährt. Er wollte damit ausdrücken, dass man nichts mitnehmen kann, egal wie viel man im Lauf seines Lebens zusammengerafft hat. Das Einzige, was wir mitnehmen können, sind unsere Erinnerungen – Erinnerungen an die Dinge, die wirklich zählen. Jetzt, da ich mit dem Tod konfrontiert war, kam ich zu der abschließenden Erkenntnis: Meine Familie war mir am wichtigsten.

Das Geschenk des Lebens

An das Heroische im Menschen zu glauben bringt Helden hervor.

Benjamin Disraeli

Ich weiß noch, dass ich aufwachte, als ich von einigen brüllenden Sanitätern in die Notaufnahme geschafft wurde. Ich verlor mehrmals das Bewusstsein und kam kurz wieder zu mir und hörte, wie jemand schrie: »Sie stirbt uns. Kaum noch Vitalfunktionen. Die Frau muss sofort auf den OP-Tisch!«

Du meine Güte, ging es mir durch den Kopf. Ich habe gerade ein Flugzeugunglück überleb. Meine Kleidung war blutdurchtränkt und an meinen Armen und Beinen klafften Wunden. Mir war kalt und ich hatte die Orientierung verloren. Und ich hatte Durst; in meinem ganzen Leben hatte ich noch nie solchen Durst gehabt. Dann wurde mir klar, dass ich ja auf dem OP-Tisch sterben könnte.

Ich hatte keine Ahnung, in welcher Stadt ich mich befand. Ich wusste nicht, ob meine Familie von dem Unglück verständigt worden war. Ich wusste nicht, ob meine beiden Partner noch am Leben waren. Aber bald verwandelte sich meine Angst in Gelassenheit, und aus irgendeinem Grund wusste ich, dass ich durchkommen würde. Ich habe seitdem gelernt, dass das Universum sich immer so entfaltet, wie es soll, und dass alles, was uns im Leben widerfährt, einen Grund hat. Rückschläge erweisen sich unausweichlich als Segen und erteilen uns eine Lektion, die wir lernen müssen, um auf eine höhere Entwicklungsstufe zu gelangen. Der große amerikanische Dichter Henry Wadsworth Longfellow brachte diese Tatsache so auf den Punkt: »Es hat mir gutgetan, von der Hitze des Lebens ausgetrocknet und vom Regen durchnässt zu werden.« Ich wusste, dass ich diesen tragischen Unfall aus irgendeinem Grund überlebt hatte. Ich kam nur nicht darauf, was dieser Grund sein könnte. Und ich hatte auch keine Ahnung, worin die Lektion bestehen könnte.

* * *

Nachdem ich fast zwölf Stunden im OP zugebracht hatte, schaffte man mich auf die Intensivstation, wo dann meine zermürbende Rekonvaleszenz begann. Am nächsten Morgen wachte ich durch die beiden schönsten Laute auf, die ich je gehört habe – die Stimmen von Porter und Sarita. »Mami, wach auf! Mami, wach auf! Wir haben dich so lieb!«, wiederholten sie wie ein Mantra immer wieder. Als es mir schließlich gelang, die Augen zu öffnen, sah ich Porter in seinem liebsten Curious-George-T-Shirt und Sarita in einem roten Overall, den sie unbedingt immer anziehen wollte. Jon stand bei ihnen, die Tränen liefen ihm über die Wangen, er brachte kein Wort heraus. Dann umarmten sie mich. Wir alle fingen an zu weinen.

Ich sollte Monate in diesem Krankenhausbett verbringen. Das Flugzeugunglück hatte vielen Menschen das Leben gekostet, darunter auch Jack und Ross, meinen beiden Geschäftspartnern – ich war am Boden zerstört. Wir drei hatten in den letzten Jahren so viel miteinander erlebt, und ich war nicht daran interessiert, das Geschäft ohne die beiden weiterzuführen. Sie waren nicht nur die Mitbegründer von BraveLife.com, sondern auch meine besten Freunde. Die Unglücksursache war laut Luftaufsichtsbehörde angeblich ein »Pilotenfehler«. Die Rechtsanwälte schalteten sich ein, um ihre Schadensersatzforderungen zu stellen, aber ich schwor mir, diesen Schicksalsschlag zu überwinden und alles Nötige zu tun, um wieder auf die Beine zu kommen und zu meiner Familie zurückzukehren. Obwohl Jon und die Kinder mich jeden Tag besuchten, verbrachte ich die meiste Zeit in der Reha und bemühte mich, den Heilungsprozess zu beschleunigen. Die Ärzte und Schwestern im Krankenhaus waren wie Engel und überschütteten mich schier mit Aufmerksamkeit, Freundlichkeit und Mitgefühl. So gingen die Tage dahin und ich wurde langsam kräftiger – meine Zukunft sah nicht mehr so düster aus. Aber dann passierte mir eines Nachts etwas überaus Seltsames.

Die Besuchszeit war gerade vorüber, und Jon war mit den Kindern nach Hause gefahren. Ich hatte soeben angefangen, ein wunderschönes Buch zu lesen – *Hoffnung für die Blumen* von Trina Paulus –, das mich nicht nur inspirierte, sondern irgendwie auch erleuchtete. Als ich nach der Tasse Tee auf meinem Nachttisch griff, sah ich, wie jemand enorm schnell in einem Elektrorollstuhl den Gang vor meinem Zimmer entlangsauste.

Ich war überrascht, dass jemand zu so später Stunde mit so einem Tempo dahinflitzte, lenkte meine Aufmerksamkeit dann aber wieder auf mein Buch. Ich hatte wegen meiner enormen Arbeitsbelastung aufgehört zu lesen, mir aber nach dem Flugzeugabsturz geschworen, wieder *alles zu machen, was wirklich zählt*. Jeden Tag eine Weile kluge, inspirierende Literatur zu lesen gehörte dazu. Diese Katastrophe war für mich wie eine Offenbarung gewesen, eine Art Weckruf, den ich gebraucht hatte, um meine Prioritäten neu zu überdenken und mein Leben in Ordnung zu bringen. In meinem einsamen Krankenzimmer begann ich nach vielen Jahren erstmals wieder ernsthaft zu reflektieren, wie ich mich verhalten hatte – als Mutter, Partnerin und Mensch. Mir war, als hätte ich eine zweite Chance zu leben bekommen. Und diesmal wollte ich mit mehr Weisheit, Anstand und Tugend leben. Ich kam zu dem Schluss, dass ich zu einem guten, einfacheren Dasein zurückkehren wollte.

»Das Beste befindet sich ganz in der Nähe: Atem in den Nasenlöchern, Licht in den Augen, Blumen zu Füßen, anstehende Pflichten, den Weg der Rechtschaffenheit vor sich. Greife nicht nach den Sternen, sondern erfülle die ganz alltäglichen Aufgaben des Lebens, wie sie auf dich zukommen, in der Überzeugung, dass die täglichen Pflichten und das tägliche Brot die schönsten Dinge im Leben sind«, schrieb Robert Louis Stevenson.

Als ich mich gerade wieder auf mein Buch konzentrierte, passierte es noch einmal. Die Person im Rollstuhl flitzte erneut an meinem Zimmer vorbei – sogar noch schneller. Und noch erstaunlicher war, dass dieser Mann nun auch noch aus vollem Halse sang. Ich kannte das Lied – ich hatte es seit Jahren nicht gehört. Meine Eltern hatten es mir immer vorgesungen, als ich noch klein war, und ich war überrascht, dass dieser seltsame Besucher den Text konnte. Ich wollte wissen, wer er war. Aber war das eine gute Idee? Was, wenn es sich bei dem Mann um einen durchgeknallten Spinner handelte, der einfach von der Straße hier hereingekommen war? Meine Neugier war jedoch stärker, und ich rollte mich aus dem Bett und griff mir mein Gehwägelchen.

Ich ging langsam auf den Gang hinaus, um mir den Spinner genauer anzuschauen. Aber da war nichts zu sehen. Der Gang war völlig leer, alles war ruhig, abgesehen von zwei diensthabenden Schwestern. »Ach, hallo«, sagte ich freundlich, als ich mich durch den Korridor kämpfte.

»Hi, Catherine«, erwiderten sie. »Alles in Ordnung?«

»Ja klar«, antwortete ich. »Ich habe mich nur gefragt, wer da vor ein paar Minuten den Gang runtergerast ist. Der Typ war doch viel zu schnell. Er hätte jemanden verletzen können. Und warum hat er gesungen? Wenn Sie ihn noch mal sehen, sagen Sie ihm bitte mal, dass er langsamer machen soll. Und außerdem, dass er Gesangsstunden nehmen soll, wenn Sie schon dabei sind«, meinte ich mit einem Lächeln.

»Wir haben niemanden gesehen«, erwiderten die beiden Schwestern einstimmig.

»Wirklich nicht?«, fragte ich verlegen.

»Nein, leider, Catherine. Vielleicht haben Sie bloß schlecht geträumt.«

»Nein, das war kein Traum. Ich habe so einen seltsamen Kauz in einem Elektrorollstuhl gesehen, wie er den Gang da runtergeflitzt ist. Und er hat ein Kinderlied gesungen, das mir, als ich klein war, immer gefallen hat. Ich habe das Lied jahrelang nicht mehr gehört.«

Mir wurde langsam bewusst, wie dämlich sich mein Gerede anhören musste. Die Schwestern lachten.

»Sie wollen uns wohl auf den Arm nehmen, oder?«

»Nein, es ist mein Ernst. Wenn Sie ihn sehen, reden Sie mit ihm«, sagte ich streng. »Er sollte sich nicht so verantwortungslos verhalten.«

»Na gut, Catherine, das machen wir«, antwortete eine der Schwestern kichernd.

Als ich wieder in mein Zimmer ging, erregte etwas auf dem Boden meine Aufmerksamkeit. Der metallische Gegenstand glänzte. Als ich ihn umdrehte und ins Licht hielt, traute ich meinen Augen nicht. Es war ein Schmetterling aus Gold. Ich war perplex. Mein Vater hatte mir und meinem Bruder Julian so einen goldenen Schmetterling geschenkt, damit wir, als wir älter wurden und langsam ein eigenständigeres Leben führten, nie unsere Freiheit des Denkens vergaßen. Für ihn war ein Schmetterling ein Symbol der Freiheit, Unabhängigkeit und Schönheit – Eigenschaften, die auch unser Leben erfüllen sollten, wie er hoffte. Er schenkte uns die goldenen Schmetterlinge an dem Tag, als er zum Richter am Bundesgericht ernannt wurde. Ich weiß noch, wie stolz ich damals auf meinen Vater war. Er hatte unermüdlich gearbeitet, um diese Position zu erreichen, und hatte sich seinen Erfolg redlich verdient. Unser Dad war ein guter Mensch: edel, liebevoll und absolut ehrlich.

Ich hatte meinen Schmetterling zu Hause aufgehoben und ihn wie einen Schatz gehütet, vor allem nach dem Tod meines Vaters. Ich habe keine Ahnung, was mein Bruder Julian mit seinem gemacht hat. Mein Bruder war ein Original, das muss ich schon sagen. So einen wie ihn werden Sie wahrscheinlich in Ihrem ganzen Leben nicht kennenlernen. Ich weiß nicht so recht, wie ich ihn beschreiben soll. Ja, er war genial und hatte Talent und war respektlos und wild. Aber er war noch viel mehr.

Als er größer wurde, war er immer der cleverste – und aufmüpfigste – Junge in seiner Klasse. Da er aussah wie ein Filmstar, umschwirrten ihn ständig die hübschesten Mädchen. Und weil er Grips hatte, heimste er alles an Auszeichnungen ein, was die Schule zu vergeben hatte. An der Universität tat er sich als erstklassiger Sportler hervor, als brillanter Redner bei Diskussionen und natürlich als hervorragender Student – und auch als echter Playboy. Er hatte diese Gaben einfach mitbekommen. Es lag nicht nur an seinem Intellekt oder an seiner charismatischen Ausstrahlung. Er verfügte über eine erstaunliche Energie und eine Art Aura, der sich einfach keiner entziehen konnte. Und was noch wichtiger war: Julian hatte ein gutes Herz. Ich liebte ihn wirklich; für mich war er ein Held. Wir hatten viel Spaß miteinander, als wir heranwuchsen und die Sommer in unserem Landhaus am See und die Winter auf einem Berg beim Skifahren verbrachten. Meistens lachten wir und spielten einander Streiche. Ganz schlicht und einfach: Julian war ein erstaunlicher Mann. Und er fehlte mir sehr.

Wie erwartet legte Julian sein Jura-Examen in Harvard mit Bravour ab. Die renommiertesten Kanzleien der Nation übertrumpften sich in einer Art Wettbewerb, um ihn für sich zu gewinnen. Bald stand er in dem Ruf, einer der landesweit besten und cleversten Burschen im Rechtswesen zu sein, und sein Erfolg war schlichtweg imponierend. Sogar mein Vater, ein Mann, der nicht leichtfertig ein Lob aussprach und wusste, was es bedeutete, herausragend zu sein, bemerkte oft: »Der Junge ist wirklich gut. Ja, wirklich gut. Ich gehe jede Wette ein, dass er eines Tages beim Obersten Bundesgericht landet. Er ist ganz der Vater«, fügte er immer mit einem Lachen hinzu.

Julians Stern sollte mehrere Jahre lang hell leuchten. Er war als einer der cleversten und härtesten Strafverteidiger des Landes anerkannt, er hatte ein siebenstelliges Einkommen und erfüllte sein Dasein mit den denkbar schönsten Dingen. Er erwarb ein spektakuläres Herrschaftshaus in einem Viertel, das Berühmtheiten und Botschafter bevorzugten. Er investierte in ein Privatflugzeug, um mit Grandezza von einem Mandanten zum nächsten zu jetten, und ließ Schneider aus Italien einfliegen, um sich einen Maßanzug für einen bestimmten Prozess machen zu lassen. Er kaufte sich sogar ein Haus auf einer privaten Insel. Er taufte es »Nirwana« in der Hoffnung, sich dort von dem Irrsinnstempo seines Daseins zu erholen. Aber von allem, was Julian je erworben hatte, mochte er seinen funkelnden roten Ferrari am liebsten, den er stets mitten in der Zufahrt zu seinem Haus parkte. Das Auto war seine Freude, seine Leidenschaft und seine Belohnung für all die Opfer, die er auf dem Weg zu seinem schnellen, aber wohlverdienten Erfolg gebracht hatte.

Im Zuge seines kometenhaften Aufstiegs als Jurist heiratete mein Bruder eine wunderbare Frau, und das Glamourpaar bekam ein reizendes Töchterchen, das sie Ally tauften. Das kleine Mädchen war erstaunlich – ungewöhnlich intelligent, immer am Lachen, und es heckte ständig etwas aus. Mir ist kaum einmal ein so brillantes und nettes Kind wie Ally untergekommen. Seine Tochter veränderte alles für Julian. Er war als Anwalt natürlich weiterhin erfolgreich, und vor Gericht war er so scharfsinnig wie eh und je. Und es loderte tief in ihm weiterhin ein Feuer, das ihn andere ausstechen und nach den Sternen greifen ließ. Aber seine Prioritäten verlagerten sich mit der Zeit allmählich. Er fing an, den Freitag frei zu nehmen, um mit seiner Tochter zu spielen und mit ihr und seiner Frau Ausflüge zu unternehmen. Ich weiß noch, wie glücklich er damals war.

Julian war schon immer gutaussehend und fit gewesen, aber wenn er mit seiner Familie zusammen war, strahlte sein Gesicht. Seine Augen glänzten, wenn er mit Ally irgendwo auftauchte, und ich wusste, dass dieser Mann den inneren

Frieden gefunden hatte, den wir uns alle in dieser so komplexen und unendlich unsicheren Welt wünschen. Julian war von Liebe umgeben und hatte die Welt fest im Griff. Aber das Leben verpasst uns manchmal einen Rückschlag, wenn wir am wenigsten damit rechnen oder es verdienen. Oft beginnt unser größtes Leid, wenn wir ganz oben angekommen sind. Dann werden wir manchmal allem beraubt, was uns lieb und teuer ist, und wir finden uns in der Finsternis am Rand eines Abgrunds wieder. In diesen schlimmsten Momenten erhaschen wir dann einen Blick auf den Menschen, der wir wirklich sind. In diesen Zeiten größten Leids wird unser wahrer Charakter offenbar. In so einer Talsohle des Lebens machen wir Bekanntschaft mit unseren wahren Stärken. Und so sollte auch bald meinem lieben Bruder Julian etwas widerfahren, das ihm Kräfte verlieh, von denen er sich nie hätte vorstellen können, sie überhaupt zu besitzen.

* * *

An einem sonnigen Herbstnachmittag fuhr Julian die kleine Ally zur Geburtstagsfeier ihrer besten Freundin. Plötzlich sah er, dass ein Auto von der Gegenseite auf seine Fahrbahn schlingerte. Zuerst dachte er sich nichts dabei. Aber er bekam einen Schrecken, als der Wagen nicht nur in seiner Spur blieb, sondern auch noch beschleunigte und direkt auf sein Auto zuhielt, in dem er und Ally saßen. Was in den nächsten paar Sekunden passierte, sollte Julians Leben für immer verändern. Der Fahrer des anderen Wagens, nach einer Zechtour mit seinen Kumpels total betrunken, verlor die Kontrolle und stieß frontal mit Julians Auto zusammen. Es war kaum zu glauben, aber Julian kam mit ein paar Schürfwunden davon. Aber leider hatte die kleine Ally dieses Glück nicht. Sie wurde tödlich verletzt, als ihr Kopf beim Zusammenprall gegen die Windschutzscheibe knallte. Sie starb in den Armen meines Bruders, der in der Mitte der Straße saß und nach einem Arzt rief. Nach diesem unbeschreiblichen Verlust war Julian nie mehr der Alte. Er veränderte sich von einem Menschen, der sein Leben voll ausgekostet hatte, zu einem Mann, der darum rang, Stunde um Stunde irgendwie zu überstehen. Es brach mir das Herz.

In einem verzweifelten Versuch, sich mit seinem Schmerz auseinanderzusetzen, verbrachte er jeden Augenblick mit Arbeit und blieb manchmal das ganze Wochenende in seinem Luxusbüro. Er schlief dort auf der Couch und weigerte sich, irgendjemanden zu treffen, der ihn an sein früheres Leben erinnerte. Dieses Eremitendasein verschaffte Julian zwar noch mehr beruflichen Erfolg, führte im persönlichen Bereich jedoch zum totalen Niedergang. Carlos Castaneda schrieb einmal, dass »der grundlegende Unterschied zwischen einem ganz normalen Mann und einem Krieger darin bestehe, dass ein Krieger alles als eine Herausforderung sehe, während der normale Mann alles entweder als Segen oder Fluch betrachte«. Ich glaube, Julian meinte, verflucht zu sein.

Seine liebenswürdige Ehefrau entschied sich schließlich dazu, ihn zu verlassen, da seine Arbeitswut und sein emotionaler Rückzug ihr ein Leben mit ihm unmöglich machten.

Sie vertraute mir an, alles getan zu haben, was in ihrer Macht stand, um Julian aus diesem Zustand herauszuholen; doch nichts hatte gefruchtet. Und noch schlimmer war, dass er mit Worten und Taten klar vermittelte, dass er in keiner Weise Hilfe annehmen wollte. Und zwar von niemandem. Er wollte bloß, dass man ihn in Ruhe ließ, und forderte, dass sich »alle um ihren eigenen Mist kümmern und sich ihr Mitleid für jemand anderen aufsparen sollten«.

Julian begann exzessiv zu trinken und rücksichtslos zu leben. Er schlief wenig, aß zu viel und legte ein derart brüskierendes Verhalten an den Tag, das selbst ihm nahestehende Menschen abstieß. Seine wenige Freizeit verbrachte er mit unfassbar schlanken Models oder ruppigen Börsenmaklern, die er als »Abrisstruppe« bezeichnete. Obwohl ich Julian damals nicht oft zu Gesicht bekam – er weigerte sich, auch nur mit mir zu telefonieren –, wusste ich, dass er bald in massive Schwierigkeiten geraten würde.

Einmal sah ich ihn in der Innenstadt mit zwei zum Bersten vollen Aktentaschen die Straße hinunterhetzen; der Schweiß stand ihm auf der Stirn. Mir kamen die Tränen bei seinem Anblick. Ich konnte es nicht fassen, wie mein Bruder aussah. Sein einst so jugendliches, attraktives Gesicht war nur noch ein Gewirr von Falten, und aus seinen Augen sprach die Traurigkeit. Seine athletische Statur, auf die er früher immer so stolz gewesen war, hatte sich in einen übergewichtigen Körper verwandelt, an dem alles nur hing. Und das Eine-Million-Dollar-Lächeln, das er ständig zur Schau getragen hatte, war spurlos verschwunden. Es machte mich abgrundtief traurig zu sehen, wie mein Bruder Julian, den ich so liebte und bewunderte, ein derart höllisches Elend durchmachte.

* * *

Ein paar Monate später rief mich einer der Sozien in Julians Kanzlei an. Er teilte mir mit, dass Julian mitten im Gerichtssaal einen ernsten Herzinfarkt erlitten habe, als er einen wichtigen zivilrechtlichen Fall vertrat. Man hatte ihn auf schnellstem Weg ins Krankenhaus geschafft und er würde zum Glück durchkommen. So sagte sein Sozius jedenfalls. Doch Julian weigerte sich – wie immer – Besuch zu empfangen. »Vor allem nicht von der Familie«, wie sein Kollege betonte.

»Kann ich ihn denn nicht wenigstens ein paar Minuten sehen?«, bat ich.

»Ich würde nur zu gern Ja sagen, Catherine, aber Sie kennen Julian doch. Er hat angeordnet, keinen in sein Zimmer zu lassen, und das Klinikpersonal instruiert, die Tür immer geschlossen zu halten. Er hat einem der Chefärzte sogar mit einer Anzeige gedroht, für den Fall, dass jemand ihn auf der Privatnummer in seinem Zimmer anruft.«

Typisch Julian, dachte ich. Selbst wenn es ihm noch so dreckig geht, ist und bleibt er zuerst einmal Jurist.

»Da wäre noch etwas, das Sie wissen sollten, Catherine«, fügte sein Partner etwas ruhiger hinzu. »Ich kann es ja kaum glauben, aber Julian hat angekündigt, dass er seinen Job aufgeben will. Er hat seinen Rücktritt eingereicht und verlässt die Kanzlei.«

»Das soll wohl ein Scherz sein!«, rief ich, denn ich konnte kaum glauben, was ich da hörte. »Julian liegt die Juristerei im Blut, so war es bei unserem Vater doch auch. Er wollte schon als Fünfjähriger Anwalt werden.«

»Ich teile Ihnen nur mit, was er mir vorhin gesagt hat, Catherine«, erwiderte sein Sozius in einem Ton, der zeigte, wie schockiert er selbst über Julians Entschluss war.

Wie er gesagt hatte, hängte Julian innerhalb weniger Wochen die Juristerei an den Nagel. Und was noch erstaunlicher war, er verkaufte innerhalb weniger Monate auch sein gesamtes Hab und Gut: das Herrschaftshaus, das Flugzeug und seine private Insel. Er veräußerte sogar seinen roten Ferrari, das offensichtlichste Symbol seines Erfolgs und Markenzeichen des Mannes, der er einmal gewesen war. Von einem anderen seiner Freunde erfuhr ich, dass Julian sich nach Indien zurückgezogen und sich auf so eine Art »Suche nach dem tieferen Sinn des Lebens« begeben hatte. Julian hinterließ keine Adresse, Telefonnummer oder sonst einen Hinweis, wann er zurückkommen wolle.

»Was meinen Sie?«, fragte ich seinen Freund.

»Ich nehme mal an, dass weder Sie noch ich den großen Julian Mantle je wiedersehen werden«, lautete die leise Antwort.

* * *

Jahre gingen ins Land und ich hörte nichts von Julian; nicht einmal eine Postkarte kam. Es war, als ob er sich weigern würde, die Existenz seiner Schwester und das Leben, das er vor dem Tod seiner Tochter geführt hatte, anzuerkennen. Da mir nicht bewusst war, dass es aus Julians Niedergang Lektionen zu lernen galt, stürzte auch ich mich in die Arbeit, obwohl ich eine Familie hatte. Und auch wenn ich mit der Zeit immer weniger an Julian dachte, ging mir doch in einem ruhigen Moment, wenn Jon und die Kinder schliefen, durch den Kopf, wo mein Bruder wohl war und ob es ihm gut ging. Erinnerungen stellten sich ein an die heißen Sommertage damals, als wir in unserem Sommerhaus gewesen und vor den Docks geschwommen und mit unserem kleinen Boot über den See gesegelt waren. Dann fielen mir Julians Humor und die Streiche ein, die er allen spielte, die das Pech hatten, ihn irgendwie zu verstimmen. Und vor allem erinnerte ich mich an das ständige schelmische Glitzern in Julians Augen. Offenbar dank eines genetischen Wunders hatte auch Ally dieses Glitzern gehabt. Ach ja, wie mir die Kleine doch fehlte. Und wie sehr ich mich nach meinem Bruder sehnte.

Ein Mönch kommt zu Besuch

Glück oder Unglück eines Menschen hängt nicht von Gold und Gut ab, die er gewinnt. Glück und Unglück sind in der Seele. Ein weiser Mensch fühlt sich in jedem Land daheim. Das ganze Universum ist das Zuhause einer noblen Seele.

Demokrit

»Ich bin Ihr neuer Arzt«, dröhnte die Stimme aus dem Dunkel des Gangs. Als ich aufschaute, war ich über den Anblick erstaunt, der sich mir bot. Mein Blick fiel auf einen bemerkenswerten jungen Arzt im weißen Kittel, der gerade aus seinem Rollstuhl aufstand, mit dem er den Gang heruntergeflitzt war; der Mann kam langsam aus der Dunkelheit auf mich zu. Es hing ihm das obligate Stethoskop um den Hals, aber etwas anderes überraschte mich mehr. Der junge Mann trug ein Gewand mit Kapuze, wie ich es bei tibetischen Mönchen oft gesehen hatte. Es wies einen eleganten Schnitt auf und war aus einem sehr schönen Material mit kunstvollen Ziernähten am Rand gefertigt. Ich konnte den Mann im Halbdunkel kaum ausmachen, aber als er näher auf mich zukam, sah ich sein erstaunlich jugendliches, attraktives Gesicht, das vor positiver Energie und Vitalität nur so sprühte. Ich war auch perplex, weil mir der Mann irgendwie so vertraut vorkam.

Er hatte Sandalen an, die mit einem kleinen Blümchenmuster geprägt waren, er wirkte fit und stark und verströmte Vertrauen und inneren Frieden. Und seine Augen – ich konnte sie bald deutlicher erkennen – glichen zwei funkelnden Diamanten; sie schienen mich bis in mein tiefstes Inneres zu durchdringen und ließen mich wie angewurzelt im Gang stehen bleiben.

»Was für ein Arzt sind Sie?«, fragte ich neugierig. »Irgendwie passen Sie nicht so recht ins Bild, wenn ich so sagen darf.«

»So eine Art Hausarzt für die ganze *Familie*«, lautete seine prompte Antwort. Der Mann verblieb halb im dunklen Teil des Gangs, was ihm etwas überaus Mysteriöses verlieh.

»Aus dem zu schließen, was ich erkennen kann, sehen Sie eher wie ein Voodoo-Doktor aus«, sagte ich mit dem Anflug eines Lächelns. Und dann fügte ich noch mit meiner absoluten Manager-Befehlsstimme hinzu: »Nun ja, ich brauche keinen Arzt für die Familie, junger Mann. Ich habe einen Flugzeugabsturz überlebt, wurde allerdings schwer verletzt. Und die einzigen Leute, die ich momentan sehen will, sind Spezialisten. Ich will meine bisherige Ärztin, niemand neuen. Und, offen gesagt, irritiert mich Ihr Gewand da ziemlich. Soll dieses Mönchsgewand den Leuten Vertrauen einflößen?«

»Es hält mich im Winter warm«, antwortete er mit einem Lächeln. »Und es erinnert mich daran, wer ich wirklich bin«, fügte er noch hinzu.

»Und wer soll das sein?«, fragte ich mich laut und hatte somit seinen Köder geschluckt.

»Dazu dann später mehr. Im Augenblick will ich nur sagen, dass ich gekommen bin, um Ihnen zu helfen. Sie müssen mir vollkommen vertrauen. Ich habe wirklich nur Ihr Wohl im Sinn.«

»Ihnen vertrauen? Sind Sie verrückt?«, antwortete ich mit zunehmendem Ärger. »Können Sie sich denn überhaupt vorstellen, was ich durchgemacht habe? Haben Sie irgendeine Vorstellung, wie viel Leid ich ertragen musste? Ich will bloß meine alte Ärztin, ein paar Schmerztabletten und ein ruhiges Krankenzimmer. Ich will keinen Spinner im Mönchsgewand, der mir erzählt, er sei mein neuer Arzt, und der mich bittet, ihm zu vertrauen.«

»Ich bitte Sie um gar nichts«, bemerkte der junge Mann still. »Ich teile Ihnen nur mit, dass ich Ihnen auf eine Weise helfen kann, von der Sie sich keine Vorstellung machen können. Ihre alte Ärztin ist wirklich sehr gut. Sie zählt bestimmt zu den besten ihres Fachs und ist eine hervorragende Wahl – insofern Sie wollen, dass nur Ihr Körper wieder in Ordnung kommt.«

»Was soll denn das nun wieder heißen?«, fragte ich und wurde immer nervöser.

»Nun, Ihre Ärztin hilft Ihnen, Ihre physische Gesundheit wiederzuerlangen. Aber ich bin hier, um erheblich mehr für

Sie zu tun. Ich bin gekommen, um Ihnen zu helfen, Ihr Leben wieder auf die Reihe zu kriegen.« Er machte eine nachdenkliche Pause und schien seine nächsten Worte mit Bedacht zu wählen; dann fügte er mit einer ungewöhnlichen Sanftheit, die ihn viel älter wirken ließ, hinzu: »Ich weiß, dass Sie in Ihrem Leben viele Kämpfe durchzustehen haben – vor allem mit Ihrer Familie. Ich weiß, dass Sie nicht nur körperlich eine Krise durchgemacht haben, sondern auch spirituell; eine, die Sie zwingt, Ihre Lebensweise und Prioritäten zu überdenken. Ich weiß auch, dass Ihre Familie Ihnen alles bedeutet und dass etwas in Ihrem tiefsten Inneren Ihnen sagt, dass Sie Ihren Lieben den Vorrang geben müssen, bevor es zu spät ist.«

»Ja, woher wollen Sie denn das wissen?«, fragte ich mit einem Flüstern, wobei ich mich bemühte, mich von diesem Mann, der so viel von mir wusste, nicht verunsichern zu lassen.

»Vertrauen Sie mir, ich weiß so ziemlich alles, was es über Sie zu wissen gibt. Ich weiß, wo Sie aufgewachsen sind. Ich weiß, dass Apfelkuchen mit einer Kugel Schokoeis oben drauf Ihr Lieblingsnachtisch ist und dass *Wall Street* Ihr liebster Film überhaupt ist. Ich weiß sogar von dem Muttermal auf Ihrer ...«

»Schluss jetzt!«, unterbrach ich ihn. »Es reicht! Ich glaube, ich habe verstanden, was Sie sagen wollen.«

Wer war dieser Typ? Zuerst flitzt er im Rollstuhl den Gang rauf und runter, als würde er an einem Formel-1-Rennen teilnehmen. Dann tischt er mir eine weit hergeholte Geschichte im Stil von »Hausarzt der Familie« auf. Und jetzt zählt er mir Details aus meinem Privatleben in allen Einzelheiten auf. Langsam beunruhigte mich das. Vielleicht war der junge Mann ja gefährlich.

»Hören Sie. Ich habe keine Ahnung, wer Sie sind, und es ist mir eigentlich auch egal«, log ich. »Ich bin müde, ich habe Schmerzen und ich muss mich ausruhen. Ich würde vorschlagen, dass Sie sich wieder in Ihren Rollstuhl setzen, den Gang davonfahren und vergessen, dass wir uns je begegnet sind. Wenn nicht«, sagte ich so drohend, wie ich nur konnte, »lasse ich die Schwestern sofort das Sicherheitspersonal rufen.«

Der junge Mann wirkte weiterhin entspannt und überaus zuversichtlich. Dann fing er an zu lachen. Zuerst kicherte er ein bisschen. Dann bog er sich schier vor Lachen.

»Ach, Catherine, wenn Sie sich nur selbst sehen könnten. Da stehen Sie nun in Ihrem dämlichen Krankenhaushemd, das Sie hinten Ihrer Intimsphäre beraubt, und blaffen einen Arzt im Mönchsgewand an. Ihre Courage hat mir schon immer gefallen. Sie haben nie zugelassen, dass jemand sie herumschubst. Bin ich froh, dass Sie sich in all den Jahren nicht verändert haben.«

Er wusste, wie ich hieß. Jetzt war ich wirklich beunruhigt. Ich ging auf das Schwesternzimmer zu, um Hilfe zu holen, als der junge Mann einen Arm hob und mich an der Hand packte, wobei er mir schnell etwas zusteckte.

»Lassen Sie mich los!«, brüllte ich bei dem Versuch, die beiden Schwestern zu alarmieren, die in der Nähe arbeiteten.

»Nun gut.« Der junge Mann trat beiseite. »Geben Sie mir nur meinen Schmetterling, und dann bin ich auch schon weg.«

»Ihren Schmetterling? Ja, wovon reden Sie denn? Sie sind wirklich ein Spinner!«, rief ich – bis ich einen Blick auf den Gegenstand in meiner Hand warf.

»Wo haben Sie den her?«, fragte ich und beruhigte mich langsam wieder. »Mein Vater hat mir in jungen Jahren einmal so einen geschenkt«, fügte ich sanft hinzu. »Er hat eigens für mich und meinen Bruder Julian zwei anfertigen lassen. Sie waren wirklich etwas Besonderes und originell. Wir haben etwas Ähnliches nie gesehen. Ich dachte, ehrlich gesagt, dass es auf der Welt bloß zwei Exemplare gibt. Da muss ich mich wohl getäuscht haben.«

»Es gibt nur zwei auf der Welt«, lautete die sanfte Antwort.

Ich war perplex. Wenn es nur zwei goldene Schmetterlinge gab und ich einen davon zu Hause hatte und Julian den anderen, wie konnte dieser seltsame Krankenbesucher dann einen haben? Ich war wieder beunruhigt. Ob Julian in Schwierigkeiten stecke?

»Kennen Sie meinen Bruder Julian?«, fragte ich hoffnungsvoll.

»Besser als Sie sich vorstellen können. Man kann wohl sagen, dass Julian und ich uns überaus nahestehen«, antwortete er mit einem Grinsen, das andeutete, dass er viel mehr wusste, als er kundtat.

»Wo ist er?«, wollte ich eifrig wissen.

»Er ist hier«, lautete die Antwort, »hier im Krankenhaus.«

»Das soll wohl ein Scherz sein.« Mein Herz begann wie wild zu schlagen. Mir wurde ein bisschen schwindelig. Mein Bruder, der Superstaranwalt, dessen Leben durch eine Tragödie aus der Bahn geworfen worden war, der Mann, der sich vor so vielen Jahren nach Indien davongemacht hatte, um zu sich zu finden und seine Seele zu retten, war zurückgekommen und befand sich hier in diesem Krankenhaus. Unmöglich.

»Wo?«, fragte ich und war die Spielchen dieses Mannes langsam leid.

»Julian befindet sich direkt vor deinen Augen. Julian ist zurückgekehrt. Julian ist wieder da. Und es geht ihm besser denn je«, antwortete der junge Mann freudig, wobei er einen kleinen Satz machte.

»Es tut mir wirklich leid«, sagte ich aufrichtig. »Es ist mir schon klar, dass Sie nur gute Absichten hegen, und meine Intuition sagt mir auch, dass Sie harmlos sind. Aber ich bin völlig verwirrt, wer Sie sind und weshalb Sie hier sind. Wenn Sie wissen, wo Julian ist, warum sagen Sie mir nicht, wo ich ihn finde?«

Der junge Mann trat einen Schritt zurück und hob seine Hände in einer Art Gebetshaltung, wie ich sie von Indern kannte, wenn sie sich grüßen. Er stand völlig ruhig da und sah mir tief in die Augen. Er sagte einen Moment lang nichts, ich vernahm nur seine Atmung. Eine einzelne Träne lief ihm über die Wange. Dann schien er seine Fassung wieder zu finden und wischte sich langsam mit dem Ärmel seines edlen Gewands übers Gesicht, bevor er nach einer letzten Pause schließlich meine Frage beantwortete.

»Weil, meine liebe Schwester Catherine, ich Julian bin.«

Der junge Mann kam aus dem Schatten und trat erstmals voll ins Licht. Und obwohl die körperliche Veränderung wahrhaftig außergewöhnlich war, hatte ich keinen Zweifel, dass ich soeben die Wahrheit gehört hatte. Mein lieber Bruder war nach einem wilden Abenteuer im Himalaya schließlich zurückgekehrt.

Die wundersame Reise des grossen Julian Mantle

Du, der du dein Leben einfach nur leben willst, musst wenig Opfer bringen; du, der du viel erreichen willst, musst viele Opfer bringen; du, der du das Höchste erreichen willst, musst große Opfer bringen.

James Allen

Die Gefühle überwältigten mich. Nach einer so langen Zeit der Trennung von meinem einzigen Bruder ging mir das Herz vor Freude über, weil er endlich wieder da war. Ich weinte hemmungslos, vergoss in diesen ersten Minuten mehr Tränen als in den gesamten zehn Jahren vor unserem denkwürdigen Wiedersehen. Als wir uns umarmten und küssten, konnte ich es kaum fassen, wie sehr Julian sich verändert hatte. Wie hatte er dieses Wunder vollbracht? Und welche Erfahrungen hatte er in der Zeit seiner Abwesenheit gemacht? Meinen Berechnungen nach musste er Ende 50 sein, aber, ehrlich gesagt, hatte er, als ich ihn zuletzt gesehen hatte,

20 Jahre älter ausgesehen. Damals zeugte sein zerfurchtes Gesicht von schrecklichem Leid sowie von seinem exzessiven Lebensstil. Er war enorm übergewichtig gewesen, hatte ständig gehustet und das Atmen war ihm schwergefallen. Es war mir seinerzeit klar gewesen, dass der alte Julian eigentlich hatte sterben wollen und sich in Richtung Grab bewegte, um allem ein Ende zu bereiten.

Der Julian, der nun vor mir stand, war dagegen ein Paradebeispiel bester Gesundheit. Sein Körper war stark, seine Haltung kraftvoll. Sein Gesicht strahlte jugendliche Energie sowie ein Übermaß an Freude aus. Aber noch bemerkenswerter waren seine Augen – unglaublich ausdrucksvolle Augen. Etwas an ihnen sagte mir, dass dieser junge Mann eine alte Seele war, die mehr gesehen und erfahren hatte, als man sich je vorstellen konnte. Er wirkte weise, anständig, freundlich und stand mit beiden Beinen fest auf dem Boden. »Die schlimmste persönliche Niederlage, die ein Mensch erleiden kann, ergibt sich aus dem Unterschied zwischen dem, was er hätte erreichen können, und dem, was dann schließlich aus ihm geworden ist«, merkte Ashley Montagu einmal an. Dieser Mann, der da nun vor mir stand, verkörperte große Kraft und dennoch enorme Bescheidenheit; er schien ein Mensch zu sein, der irgendwie alles umgesetzt hatte, was in ihm steckte. Ich kann gar nicht so recht beschreiben, warum ich dieses Gefühl hatte. Ich wusste nur, dass ich vor einem Menschen stand, der zu seiner individuellen Größe gefunden hatte.

»Auch wenn es unglaublich erscheint, Catherine. Aber ich bin es wirklich. Mein Gott, es ist so schön, dich zu sehen, meine liebe kleine Schwester. Du kannst dir gar nicht vorstellen, wie sehr ich dich vermisst und wie oft ich an dich gedacht habe.« Julian umarmte mich noch einmal und gab mir dann einen zärtlichen Kuss auf die Stirn.

»Du hättest mich anrufen oder mir wenigstens einen Brief schreiben können«, erwiderte ich.

Er schwieg eine ganze Weile, auf seinem Gesicht machte sich ein kummervoller Ausdruck breit. »Es tut mir wirklich leid, dass ich den Kontakt zu dir einfach so abgebrochen habe, aber der Tod von Ally hat mir das Herz gebrochen und meine Lebensgeister auch. Ich habe nie im Leben so einen schrecklichen Schmerz empfunden. An manchen Tagen litt ich wegen dieses Verlusts solche Höllenqualen, dass ich nicht aus dem Bett kam. Ich wollte mit niemandem reden. Ich wollte einfach nicht. Ich wollte keinen mehr sehen. Ich habe mich nur in die Arbeit gestürzt. Nur in meinem Job war es mir möglich, an etwas anderes als an Ally zu denken.«

»Aber wir hätten dir helfen können«, sagte ich ehrlich.

»Ich glaube nicht, Catherine. Ich war zutiefst verwundet und musste dringend weg hier. Du hast doch von meinem Herzinfarkt gehört, oder?«

»Ja, schon«, antwortete ich voller Mitgefühl, als er seine Arme um mich legte und wir zurück in mein Zimmer gingen.

»Nun, er hat mich fast ins Jenseits befördert. Die Ärzte sagten, es sei das reinste Wunder, dass ich ihn überlebt habe. Sie meinten, dass ich ein tapferes Herz hätte und einen enormen

Lebenswillen. Nach dem Herzinfarkt gab es keine Möglichkeit, wieder in die Kanzlei zu gehen. Meine Leidenschaft dafür war verschwunden und ich hatte Hunger auf etwas anderes.«

»Was zum Beispiel?«

»Ich lechzte danach, in meinem Leben eine tiefere Bedeutung zu finden. Heutzutage ist davon häufig die Rede. Viele von uns stellen sich so wichtige Fragen wie, was das alles soll und warum sie hier sind und worin der wirkliche Sinn der Existenz auf dieser Welt besteht.«

»Das ist mir auch schon aufgefallen, Julian.«

»He, das ist das erste Mal, dass du mich mit meinem Namen angesprochen hast, Catherine. Glaubst du jetzt wirklich, dass ich es bin?«

»Ja. Aber es ist schon erstaunlich, wie sehr du dich verändert hast.« Ich beugte mich zu ihm, küsste Julian auf die gebräunte Wange und umarmte ihn noch einmal. Er revanchierte sich mit einem Kuss auf meine Stirn, und wir hielten einander in den Armen und empfanden diese einzigartigen zwischenmenschlichen Bande, wie sie nur unter Geschwistern bestehen. Als wir einander umarmten, fiel mir auf, dass Julian anfing zu zittern. Ein Blick in sein Gesicht zeigte mir, dass er wieder angefangen hatte zu weinen. Jetzt musste auch ich weinen, und bald strömten uns beiden die Tränen nur so übers Gesicht.

Er bekam sich dann schnell wieder in den Griff, aber von der Peinlichkeit, die der alte Julian bei einem solchen Gefühlsausbruch an den Tag gelegt hätte, war nichts zu sehen. »Du hast mich als erwachsenen Mann noch nie weinen sehen, oder, Catherine?«

»Stimmt.«

»Zu dem vielen, was ich während meiner Abwesenheit gelernt habe, gehört auch, dass wir alle irgendwie echt sein müssen.«

»Echt sein?«, fragte ich und war mir nicht so recht sicher, worauf Julian hinauswollte.

»Ja, Catherine. Die meisten von uns verbringen ihr ganzes Leben hinter einer gesellschaftlichen Maske; sie verstecken ihr wahres Selbst. Anstatt das volle Spektrum unserer Menschlichkeit zu zeigen, arbeiten wir hart daran, ein Bild unserer Person zu schaffen, von dem wir meinen, dass die Welt es so haben will. Wir äußern, was andere uns veranlassen zu sagen, und tragen Kleidung, die andere uns veranlassen anzuziehen, und tun Dinge, die andere uns veranlassen zu tun. Anstatt unser eigenes Leben zu leben, führen wir schließlich das von anderen. Und somit sterben wir einen langsamen Tod. Der Tod ist nur eine von vielen Möglichkeiten zu sterben, sagte der Forscher Alvah Simon einmal. Und jetzt lebe ich also nur noch so, wie mein Herz es mir vorgibt. Wenn mir danach zumute ist zu weinen wie gerade eben, weil ich mich so freue, wieder mit dir zusammen zu sein, dann weine ich eben. Wenn ich vor Freude überglücklich bin, singe ich. Wenn ich jemanden mag, dann drücke ich es aus. Man könnte es mit ›seinen Gefühlen freien Lauf lassen‹ umschreiben. Ich lebe völlig im Hier und Jetzt und genieße jeden Augenblick dieses großen Geschenks, das wir Leben nennen.«

»Und das heißt, dass du ›echt‹ bist?«, wollte ich wissen.

»Ja, das bedeutet, dass ich so lebe, wie es ursprünglich auch gedacht war. Zu viele Menschen sind inzwischen domestiziert.«

»Domestiziert?«

»Klar. Sie haben in solchem Maße eine Meisterschaft darin entwickelt zu tun, was andere von ihnen erwarten, dass sie domestiziert sind – wie abgerichtete Seehunde.«

»Ist das nicht ein bisschen hart, Julian?«

»Eigentlich nicht, Catherine. *Wir alle haben die hehre Pflicht, unser Leben voll auszuschöpfen. Wir alle haben eine zutiefst menschliche Aufgabe, unser Leben bestmöglich zu führen und jeden Tag voll dabei zu sein.* Das bedeutet, echt zu sein und auf seine innere Weisheit zu hören. Es heißt, zu allem Nein zu sagen, von dem man weiß, dass es nicht das Richtige für einen ist, und zu all den wahren Prioritäten Ja zu sagen, die einem die Tage bereichern und die Stunden wirklich erfüllen.« Julian fuhr fort: »Ich hätte ja wieder als Anwalt arbeiten können, aber das wäre für mich eine persönliche Niederlage gewesen.«

»Wie das?«

»Weil ich durch die Prüfungen in meinem Leben gelernt habe, dass alles, was passiert, aus gutem Grund geschieht.«

»Da gebe ich dir völlig recht«, sagte ich und stellte fest, dass ich kürzlich in meinem Leben auch auf dieses Prinzip gestoßen war.

»Und nicht nur das, ich habe auch gelernt, dass Niederlagen und Leid im Leben eigentlich die besten Freunde sind.

Alexander Graham Bell traf ins Schwarze, als er einmal bemerkte: ›Wenn sich eine Türe schließt, öffnet sich eine andere. Aber wir schauen oft so lang und voller Bedauern auf die geschlossene Tür, sodass es uns nicht gelingt, die Tür zu sehen, die sich für uns geöffnet hat‹«, meinte Julian, wobei er sich sehr auf seine Worte konzentrierte.

»Das ist wohl wahr«, stellte ich fest.

»Ja, Catherine. *Unsere Wunden schenken uns letztendlich Weisheit. Unsere Stolpersteine werden zwangsläufig Trittsteine. Und unsere Rückschläge bewirken unsere Stärken.* Wie Leighton einmal schrieb: ›Widrigkeiten sind der Diamantstaub, mit dem der Himmel seine Juwelen poliert.‹«

»Schön ausgedrückt. Ich will mir das aufschreiben«, sagte ich ernst.

»Das wirst du nicht müssen, Schwesterchen. Ich bringe dir alles bei, was du wissen musst, und glaub mir, das wirst du nie vergessen. Aber eigentlich will ich nun auf Folgendes hinaus: Ich hätte wieder als Jurist arbeiten und Unmengen Geld verdienen können. Aber wenn ich das getan hätte, wäre ich blind für die Chance gewesen, die das Leben mir geboten hatte. Es musste einen Grund für Allys Tod, für meine Scheidung und den darauf folgenden Herzinfarkt geben. Ich wusste, wenn ich mich der Herausforderung stellte und mich von meinem Selbstmitleid befreite, in dem ich mich die meiste Zeit meines Daseins erging, dann würde ich etwas entdecken, das mich auf eine ganz neue Ebene im Leben bringen würde. Und ich spürte, dass damit viel mehr Freude, Glück und Liebe einhergehen würden, als ich sie je erfahren hatte.«

»Liebe? Ich kann mich nicht entsinnen, dass ich dich je viel von Liebe hätte reden hören, Julian. Du meine Güte, du hast dich aber wirklich verändert!«

»Liebe ist, was wir auf dieser Welt am nötigsten brauchen, Catherine. Und ich meine nicht nur Liebe zu anderen Menschen. Wir müssen unserer Arbeit Liebe entgegenbringen. Wir müssen unserer Umwelt Liebe entgegenbringen und – was am wichtigsten ist – wir müssen uns selbst lieben. Nur dann können wir wirklich anderen Menschen unsere ganze Liebe schenken. Meine Weisheit lautet einfach: *Aus allem, was du den ganzen Tag tust, muss Liebe sprechen.* Tolstoi schrieb: ›Nur eine einzige Eigenschaft kennzeichnet eine Handlung als gut oder schlecht: Führt sie zu mehr Liebe auf der Welt, ist sie gut. Trennt sie Menschen und schafft Zwietracht, ist sie schlecht.‹«

»Wenn ich mein volles menschliches Potenzial ausschöpfen will, sollte ich also nicht nur Jon, den Kindern und Menschen in meiner Umgebung mit mehr Liebe begegnen, sondern auch meiner Arbeit? Dann bin ich ein echter, voll funktionstüchtiger Mensch. Aber führt das denn nicht zu diesem Ungleichgewicht, mit dem ich mich schon so lange herumschlage? Ich finde nicht, dass ich mehr arbeiten sollte. Ich finde, ich sollte weniger arbeiten.«

»Interessanter Punkt, Catherine. Nun, es läuft wohl alles darauf hinaus, was du als deine Arbeit beschreibst. Du verwendest den Begriff sehr eng. Ich rede hier davon, dein Lebenswerk zu lieben.«

»Mein Lebenswerk?«

»Ja. Vielleicht ist es ja dein Lebenswerk, zwei wundervolle Kinder großzuziehen, die dann in die Welt hinausgehen und sie schöner und besser machen. Ich habe auch das Gefühl, dass BraveLife.com Teil deines Lebenswerks ist sowie die Existenzen, die du mit diesem Unternehmen veränderst.«

»Woher weißt du von BraveLife.com?«, fragte ich erstaunt. »Ich dachte, du hättest dich in ein Bergkloster hoch oben im Himalaya zurückgezogen?«

»Seit ich wieder da bin, habe ich viel über dich gelesen. Du hast im Geschäftsleben ja ein paar tolle Coups gelandet, Schwesterchen, aber das überrascht mich nicht. Mein Unterricht war wohl nicht so schlecht«, meinte Julian mit gespieltem Stolz.

»Wirf dich bloß nicht zu sehr in die Brust, Bruderherz. Das habe ich alles allein geschafft.«

»Immer die Unabhängige, Catherine. Das hat mir stets an dir gefallen, und auch deine Ausdauer und dein Perfektionismus. Aber zurück zu dem, wovon ich gerade gesprochen hatte – liebe dein Lebenswerk. Liebe alles und jeden. Dann wird sich dein Leben ändern.«

»Hast du ein Beispiel dafür?«

»Nun, wie wäre es mit einem Zitat von einem großen Philosophen wie Kahlil Gibran. Ich finde seine Worte wunderbar: ›Wenn du arbeitest, bist du wie eine Flöte, deren Herz durch das Flüstern der Stunden zu Musik wird. Das Leben durch seine Arbeit lieben bedeutet, mit dem tiefsten Geheimnis des Daseins eng verbunden zu sein. Jegliche Arbeit ist Schall und Rauch ohne Liebe, denn Arbeit ist sichtbar gemachte Liebe.‹

Deshalb solltest du also deinen Job bei BraveLife lieben. Gib dich ihm ganz hin und verleihe anderen Leben auf diese Weise mehr Wert. Aber liebe auch deine Arbeit als Mutter und deine Rolle als Partnerin von Jon.«

»Ja, gut«, antwortete ich völlig fasziniert. »Also was genau hast du nach deinem Herzinfarkt gemacht?«

»Nun, zuerst habe ich mich entschieden, alles zu verkaufen, was ich besaß. Ich wollte mit leichtem Gepäck reisen, und mein weltliches Hab und Gut hätte mir dabei bloß den Verstand verwirrt und mein Dasein belastet. Ich beschloss also, mich auf einige lebenswichtige Dinge zu beschränken und es mir so grundlegend leichter zu machen. Deshalb habe ich also das Herrschaftshaus verkauft. Ich habe das Flugzeug verkauft. Ich habe die Insel verkauft.«

»Du hast sogar deinen Ferrari verkauft, Julian. Ich konnte es nicht fassen, als ich davon erfuhr!«

»Diese kleine Geste hat mich selbst genauso überrascht«, merkte Julian mit einem Lächeln an, wobei er mit der Hand über die Stickerei am Ärmel seines herrlichen Gewands strich.

»Ich machte mich also nach Indien auf. Ich wusste, ich würde dort viele Antworten auf meine Fragen finden, die sich mir aufdrängten. Es war eine unglaublich spirituelle Zeit in meinem Leben. Ich fühlte mich zum ersten Mal seit Jahren befreit. Ich wusste, dass ich einen vortrefflichen Weg eingeschlagen hatte, der mich zu einem völlig neuen Verständnis des wahren Lebens führen würde – worum es wirklich geht. George Bernard Shaw schrieb einmal, dass man ›in der

Hölle dahintreibe, im Himmel hingegen das Steuer in der Hand habe‹. Und nach all den Jahren hatte ich zum ersten Mal wirklich wieder das Gefühl, dass sich meine Zukunft nicht meiner Kontrolle entzog. Ich merkte, dass ich mein Leben selbst gestaltete und nicht fremdbestimmt führte – wie so viele von uns ihr Leben verbringen.«

»Da stimme ich dir zu, Julian. Die meisten Menschen lassen den Zufall ihr Leben bestimmen, indem sie auf Ereignisse *re*agieren und nicht, indem sie sich die Lebensumstände schaffen, die sie sich erträumen«, fügte ich hinzu, erfüllt von der Inspiration, die mein Bruder mir vermittelte.

»Schön ausgedrückt, Catherine. Ich bin beeindruckt!«, rief er enthusiastisch und schlug sich mit seinen sonnengebräunten Händen auf die Knie. »Du hattest schon immer einen vorzüglichen Verstand, aber jetzt hast du auch noch das Herz einer Dichterin.«

»Na ja, nun mach mal halblang, Julian«, antwortete ich bescheiden.

Julian erzählte dann, wie er durch Indien gereist war – mit dem Zug, per Rad und manchmal auch zu Fuß. Es begeisterte ihn, Menschen dieser reichen Kultur zu begegnen und ihre weisen Auffassungen zu erfahren. Er besuchte alte Tempel und beobachtete, wie die Sonne über Ruinen unterging. Er verband sich allmählich wieder mit seinem vernachlässigten kindlichen Geist, und nach und nach kehrte sein gewohntes Lächeln zurück.

»Ich habe stundenlang in die Sterne gestarrt. Ich verschlang philosophische Texte, schrieb Kommentare zu all meinen neuen Erkenntnissen in mein Tagebuch, das schon zig Eselsohren hatte. Ich unternahm lange Spaziergänge mit Weisen und Yogis und bombardierte sie regelrecht mit Fragen nach dem wahren Sinn des Lebens und wie ich meinen Tagen mehr Bedeutung und Würde verleihen könne. Ich wollte von ihnen wissen, wie ich zu einer lebendigeren, gesünderen und glücklicheren Einstellung dem Leben gegenüber finden könnte, bevor es zu spät war. Ich überlegte mir, wie ich intensivere zwischenmenschliche Beziehungen führen und die Liebe wiederfinden könnte, die ich nach dem Tod von Ally und nachdem meine Frau mich verlassen hatte, verloren hatte. Und ich bat sie, mir beizubringen, wie ich meinem Gedankenlärm Einhalt gebieten und langsamer machen könnte, um zu tiefem innerem Frieden zu finden, der offensichtlich einer der Grundpfeiler eines erfüllten Lebens war.«

»Hört sich nach einer bemerkenswerten Zeit an, Julian. Mir gefällt vor allem das mit dem Langsamermachen und die wahren Freuden des Lebens zu genießen, die wir alle verpassen, weil wir das Irrsinnstempo unserer modernen Welt, in der wir nun einmal leben, beibehalten. Ich habe kürzlich ein Zitat aus einer Zeitung ausgeschnitten. Hier, ich will es dir zeigen«, sagte ich und griff in die Schublade meines Nachttischs. Ich las Julian vor:

Die meisten von uns bekommen die großen Preise des Lebens nicht verliehen – den Pulitzer-Preis, den Nobel-Preis, einen Oscar, Tony oder Emmy. Aber die kleinen Freuden des Lebens stehen uns allen zu. Jemand, der uns den Rücken tätschelt. Ein

Kuss hinters Ohr. Ein vier Pfund schwerer Barsch. Ein Vollmond. Ein freier Parkplatz. Ein knisterndes Feuer. Ein leckeres Essen. Ein herrlicher Sonnenuntergang. Eine heiße Suppe. Ein kaltes Bier. Machen Sie sich keine Gedanken wegen der großen Preise im Leben. Genießen Sie einfach die kleinen Freuden. Es sind genug für uns alle vorhanden.

»Mann, das ist wirklich gut, Catherine. Das hätte ich gern selbst geschrieben. Dass man sich an den grundlegenden Segnungen auf dem Weg des Lebens freuen soll, ist absolut zutreffend. Ich habe mittlerweile gelernt, dass der Weg so gut ist wie das Ziel und dass es wichtig ist, dass wir unser Glück nicht bis zu irgendeinem Ereignis in der Zukunft vertagen. Zu viele von uns belügen sich in dieser Hinsicht selbst.«

»Könntest du mir das genauer erklären?«

»Sicher. Also wir sagen uns, dass wir glücklich sein werden, wenn wir eine beträchtliche Gehaltserhöhung oder eine neue Stelle bekommen. Oder wir sagen, dass wir das Leben besser genießen können, wenn erst die Kinder groß sind, aus dem Haus gehen und die Uni besuchen. Wir sagen, dass wir uns Zeit nehmen, um die Sterne anzusehen und unseren wahren Interessen nachzugehen, wenn wir in Rente sind. Aber das ist die große Lüge im Leben. *Glück stellt sich nicht ein, wenn man bestimmte Dinge erreicht. Es kommt, wenn man bestimmte Gedanken denkt. Glück ist nur ein mentaler Zustand, den man sich selbst schafft, indem man die Ereignisse im Leben auf eine bestimmte Weise verarbeitet und interpretiert.* Es kommt, indem man sich für alles bedankt, was man im Leben hat, und indem man generell eine *Geisteshaltung der Dankbarkeit* ausprägt. Dies bedeutet, alle kleinen Wunder in seinem Leben zutiefst zu schätzen. Wie der kluge Denker Cäcilius einmal so treffend feststellte: ›Mit jedem Jahr meines Lebens nimmt meine Überzeugung zu, dass es am klügsten und besten ist, seine Aufmerksamkeit auf das Schöne und Gute zu lenken und sich so wenig wie möglich auf das Böse und Falsche zu konzentrieren.‹«

»Und noch wichtiger ist, sich darauf zu besinnen, dass die gebende Hand auch die nehmende ist, und dass der Akt des Gebens den des Erhaltens einleitet. Mache dein Glück nicht zu deinem bestimmenden Ziel. Fokussiere dich auf den Dienst am Nächsten und den aufrichtigen Wunsch, andere Menschen zu unterstützen – dann kommt auch das Glück. ›Stellst du dir vor, dass der Sinn des Lebens nur in deinem Glück besteht, ist das Leben grausam und sinnlos‹, schrieb Tolstoi. ›Du musst freudig annehmen, was weise Menschen, dein Verstand und dein Herz dir sagen: dass der Sinn des Lebens darin besteht, der Macht zu dienen, die dich auf diese Welt gesandt hat. Dann wird das Leben zur Freude.‹«

»Eindringliche Worte. Ich muss noch allein und in Ruhe darüber nachdenken. Aber jetzt erzähl mir doch bitte noch mehr von deiner Reise. Das ist eine unglaubliche Geschichte.«

»Nach mehreren Monaten des intensivsten persönlichen Wachstums und der großartigsten Erkenntnisse, die ich je erlebt habe«, fuhr Julian fort, »war ich begierig, noch mehr Weisheit zu erfahren und zu wissen, wie ich ein reicheres, freudvolleres Leben führen kann. Ich bedrängte meine Lehrer und Vorbilder, mir noch tiefere Wahrheiten zu offenbaren und mir zu größerer Erleuchtung zu verhelfen. Sie waren so anständig und liebevoll, mir ihr gesamtes Wissen zu vermitteln, ohne die geringste Gegenleistung zu erwarten. Ich weiß jetzt, dass sie nach dem sogenannten *Überflussprinzip* leben.«

»Überflussprinzip – nie davon gehört«, erwiderte ich neugierig und setzte mich in meinem Bett auf.

»Es handelt sich um dieses zeitlose und unveränderliche Naturgesetz, auf das ich vorhin angespielt habe. Es besagt, dass *je mehr man anderen gibt, man selbst letztendlich auch bekommt.* Mir ist klar geworden, dass man mehr geben muss, wenn man mehr Überfluss und Wohlstand im Leben haben will. Überfluss ist eine in der Welt zirkulierende Energie, und je mehr man davon abgibt, desto mehr bekommt man zurück. Das Überflussprinzip funktioniert auch im geschäftlichen Bereich gut. Wer reich werden will, sollte aufhören nach mehr Gehalt zu streben, und sich stattdessen überlegen, wie er anderen helfen kann. Sobald man sich darauf konzentriert, das Leben anderer Menschen zu bereichern und ihnen zu dienen, beginnt das Geld in Strömen zu fließen. Vergiss nicht, Catherine, dass Geld nichts weiter ist als das Honorar des Himmels für Wertzuwachs und erbrachte Dienste. Je mehr jemand andere bereichert, desto mehr Geld verdient er auch.«

»Dann begehen Geschäftsleute also den Fehler, das Geldverdienen zu ihrem Hauptziel zu erklären?«

»Ja, genau. Man kann hinter Geld nicht herjagen. Geld ist ein *Nebenprodukt*, das ins Leben fließt, sobald man sich darauf fokussiert, anderen Menschen zu helfen, ihre Träume zu verwirklichen und ihre Lebensumstände zu verbessern. Wie Viktor Frankl so überaus treffend schrieb: ›Dem Erfolg kann, wie dem Glück, nicht nachgejagt werden. Er muss die Folge, das Ergebnis, der unbeabsichtigte Effekt einer persönlichen Hingabe an die Sache sein, die größer ist als man selbst, oder das Nebenprodukt der Hingabe an eine andere Person.‹ Somit *er*folgt Erfolg und lässt sich nicht *ver*folgen.«

Julian fuhr fort: »In Indien wurde mir inmitten all der Weisheit und Menschenliebe klar, dass es in jedem Leben einen großartigen Sinn und Zweck gibt.«

»Wirklich?«

»Ja, wirklich, Catherine. Wir alle sind hier auf Erden, um ein heldenhaftes Leben zu führen und um auf der Welt etwas zu bewirken – auf unsere individuelle Art und Weise. Ich bin kürzlich über die Worte von General James Doolittle von der amerikanischen Luftwaffe gestolpert, der etwas sehr Kluges sagte; in etwa so: ›Wir sind aus dem Grund hier auf Erden, sie zu einer besseren Welt zu machen. Wir sollten deshalb als Mitglieder der Gesellschaft unseren Beitrag leisten. Und wenn die Erde als Ergebnis unserer Existenz hier besser ist als vor unserem Kommen, dann haben wir unser Schicksal erfüllt.‹«

»Weshalb entdecken dann nicht mehr Menschen diese Berufung für sich? Warum sind so viele unausgefüllt und unglücklich?«

»Weil wir so damit beschäftigt sind, unser Leben mit allem möglichen Durcheinander, mit Besitz und Betriebsamkeit anzufüllen, dass wir keine Zeit haben, über *die Dinge, die wirklich zählen,* überhaupt nachzudenken. In dem Zusammenhang fallen mir die Worte eines Zen-Meisters ein, der meinte: ›Die meisten Menschen versuchen, jeden Tag mehr zu bekommen, während ich danach strebe, tagtäglich einfacher und unkomplizierter zu werden.‹ Wenn wir unser Tempo verringern, öfter auf die Pausentaste drücken und einen Blick auf das Gesamtbild unseres Lebens werfen würden, dann könnten wir besser verstehen, weshalb wir hier sind und was wir tun müssen. Ich weiß, dass eine Flugreise sicher das Letzte ist, wovon du etwas hören willst. Aber sie ist ein Sinnbild, das ich dir gern mitteilen möchte.«

»Du hast recht, ich habe noch immer Flugangst, aber rede ruhig weiter.«

»Keine Sorge, Catherine. Ich habe mit all deinen Ärzten gesprochen und sogar ein paar alte Freunde von mir, die besten Ärzte des Landes, deine Krankenakte durchsehen und deine Rekonvaleszenz prüfen lassen. Alle sagen, dass du sehr gute Fortschritte machst und wieder ganz gesund wirst. Ich weiß, dass du eine schreckliche Tragödie erlebt hast, und, glaub mir, Sinn und Zweck meines Besuches ist, dir zu helfen, darüber hinwegzukommen. Aber ich will eigentlich nur eines sagen: Wenn du in einem Flugzeug, sagen wir mal auf 10 000 Metern Höhe, nach unten schaust, dann hast du eine komplette Perspektive der Welt. Es ist gar nicht möglich, den Wald vor lauter Bäumen nicht zu sehen, weil du die Gesamtsicht hast.«

»Da stimme ich dir zu. Wir sehen das große Bild.«

»Richtig. Nun, in unserem Leben sollten wir öfter mal ›auf 10 000 Meter Höhe‹ gehen.«

»Wir sollten mehr fliegen?«, fragte ich etwas verwirrt.

»Nein. Ich will Folgendes sagen: Wir müssen in unserem Leben wieder zur richtigen Perspektive finden, damit wir uns identifizieren und dann unseren Lebensstil unseren Prioritäten entsprechend anpassen können. Wir müssen ›auf 10 000 Meter Höhe gehen‹, um aus der Vogelperspektive zu erkennen, wie wir unser Dasein verbringen. So können wir wesentliche Kurskorrekturen vornehmen und uns wieder auf die richtige Route im Hinblick auf unsere Ziele bringen. Die meisten Menschen machen so etwas einfach nicht oft genug. Joanna Smith Bers drückte es einmal so aus:

> *Wir müssen unsere Prioritäten definieren – die Werte, die Ziele und Träume, die uns leiten – und uns unsere Welt dann um sie herum aufbauen. Es ist nicht ausreichend, einfach nur einen Tag nach dem anderen hinter sich zu bringen. Wir müssen jeden Tag zu einer Plattform machen, um zu erreichen, was wir vom Leben haben wollen. Wir müssen die Verantwortung für uns und für die Welt übernehmen, in der wir leben, damit wir mit uns und unserer Umwelt auch leben können.*

»Hm«, lautete meine lakonische Antwort. Nie zuvor hatte es jemand geschafft, mir eine so wirkungsvolle Weisheit mitzuteilen. Gedanken jagten mir durch den Kopf, als ich erkannte, was alles in meinem Leben nicht klappte, und ich auch die Prioritäten sah, die ich schon so lange vernachlässigt hatte.

Vor allem dachte ich an meine Familie. Mir fehlten Porter und Sarita wirklich. Ich fragte mich, ob mit Jon alles in Ordnung war und was er wohl gerade zu Hause machte. Ich gelobte dann, alle möglichen Veränderungen vorzunehmen und alle Maßnahmen zu ergreifen, sobald ich aus dem Krankenhaus entlassen würde. Dann wanderten meine Gedanken wieder zu Julian. Mein Bruder hatte sich über die Person, die er einmal war, weit hinausentwickelt. Der Julian von früher war genial, beharrlich und charismatisch. Der neue Julian hingegen war nachdenklich, wissend und weise. Ich liebte ihn so noch mehr.

»Du hast also den klugen Köpfen, die du kennengelernt hast, noch tieferes Wissen abverlangt, Julian. Was ist dann passiert?«

»Ich lernte einige erstaunliche Dinge und entdeckte vieles an mir, was mir zuvor unbekannt war.«

Mittlerweile lümmelte Julian auf dem Stuhl neben meinem Bett, hatte seine Beine weit von sich gestreckt und die Arme bequem hinter dem Kopf verschränkt. Sein Gesicht wirkte lebhaft, während er sprach, und seine Augen schienen nach seinen leidenschaftlichen Worten zu tanzen. Ich war wie gebannt von dem, was mein Bruder da von sich gab, und fasziniert von jedem seiner Worte.

»Nachdem ich ein paar Monate durch Nordindien gereist war, hörte ich von einer Gruppe von Mönchen, die hoch oben im Himalaya lebten. Der Legende zufolge hatten diese Weisen mit dem Namen Die Großen Weisen von Sivana – Sivana bedeutet in ihrer Sprache ›Oase der Erleuchtung‹ – ein für jeden nutzbares, außergewöhnliches System entwickelt, um erstaunliche Selbstbestimmung und innere Erfüllung zu erlangen. Diese Weisen hatten die Philosophie von Jahrhunderten zu einem praktischen und überaus effizienten Prozess verdichtet, durch den sie ihr Leben mit bemerkenswert viel Frieden, Freude und Festlichkeit füllten. Das einzige Problem war, dass keiner zu wissen schien, wo diese schwer fassbaren Mönche zu finden waren. Ich erfuhr auch, dass viele bei dem Versuch, sie aufzuspüren, ums Leben gekommen waren.«

»Jedenfalls«, fuhr Julian fort und trank einen Schluck Tee aus meiner Tasse, »war ich ja schon immer recht risikofreudig. Es ist so, wie Dad uns immer gesagt hat: ›Am Ende des Lebens bedauern wir nicht die Risiken, die wir auf uns genommen haben. Sondern unser Herz wird von der größten Traurigkeit erfüllt wegen all der Risiken, die wir nicht eingegangen sind, wegen all der Ängste, denen wir uns nicht gestellt haben, und wegen all der Chancen, die wir nicht beim Schopf gepackt haben.‹ Bedenke, Catherine, *auf der Kehrseite der Angst wartet die Freiheit.* Ich ließ also jegliche Vorsicht sausen und machte mich mit großem Enthusiasmus auf in den Himalaya, um das ultimative Wissen zu finden, das zu entdecken ich mir vorgenommen hatte. Und falls ich die Mönche nicht finden sollte, war ich bereit, bei diesem Versuch zu sterben.

Viele Tage und Nächte kletterte ich in diesen tückischen Bergen herum. Auch wenn ich großen Schmerz zu ertragen hatte und mehr als einmal dem Tod nahe war, lernte ich auch eine Schönheit kennen, wie ich sie nie zuvor gesehen hatte«, bemerkte Julian. »Ich schätze, es war die raue Landschaft und die Kargheit der Umgebung, die mich zutiefst berührten. Ich fühlte mich auf dieser Treckingtour dort oben mit dem Universum verbunden und als Teil von etwas viel Größerem, als ich selbst es war. Und ich gab nicht auf. Ich kletterte weiter und weiter und hoffte, dass ich überleben und die Weisen schließlich finden würde. Du weißt ja, dass ich schon immer überzeugt war, dass Beharrlichkeit eine Eigenschaft ist, die es zu kultivieren gilt, wenn wir unsere Träume verwirklichen wollen. ›Einige haben Erfolg, weil es ihnen vorbestimmt ist; die meisten haben Erfolg, weil sie wild entschlossen sind‹, sagte Anatole France einmal.

Nach enormen Mühen und Anstrengungen kam schließlich der Durchbruch. Eines Tages erhaschte ich plötzlich einen Blick auf eine Person in einem seltsam flatternden roten Gewand mit einer blauen Kapuze auf dem Kopf. Ich konnte es kaum glauben, dass noch jemand allein hier oben war. Wozu sollte jemand sich hier oben aufhalten?, fragte ich mich.

Ich brüllte etwas in Richtung meines Weggefährten, doch anstatt innezuhalten und mit mir zu sprechen, hastete er nur noch rascher den Bergpfad hinauf. Als ich noch einmal rief – diesmal aus vollem Halse –, rannte der seltsame Wanderer so schnell es ging davon, wobei sein Gesicht verborgen blieb und sein rotes Gewand anmutig im Wind hinter ihm her tanzte.

›Bitte, mein Freund, ich bin in großer Not!‹, rief ich. ›Ich brauche Ihre Hilfe, um Sivana zu finden. Ich suche nach den Weisen und habe mich offensichtlich verirrt!‹

Da blieb die Person abrupt stehen. Als ich näher auf dieses rätselhafte Wesen zuging – das Gesicht war noch immer unter der Kapuze versteckt –, drehte sich der Wanderer zu mir um und begann, ein paar Schritte in meine Richtung zu machen. Plötzlich fielen ein paar Sonnenstrahlen auf sein Gesicht – der Wanderer war ein Mann. Aber ich muss dir sagen, Catherine, dass ich noch nie so einen Menschen gesehen hatte. Noch nie. Ich schätzte ihn so auf Ende 50, aber sein gebräuntes Gesicht war geschmeidig und glatt. Sein Körper wirkte erstaunlich kräftig und stark und verströmte grenzenlose Vitalität. Er stand so hoch aufgerichtet da, dass sein Gebaren schon fast etwas Königliches hatte. Und ich kann mich noch gut an seine Augen erinnern; sie waren so durchdringend, dass ich mich gezwungen sah, einen Moment wegzuschauen.

Es lag auf der Hand, dass meine Suche zu Ende war. Ich war überzeugt, das musste einer der Großen Weisen von Sivana sein. Und so öffnete ich diesem Menschenwesen mein Herz, bat um seine Hilfe und erklärte, warum ich mein Leben riskiert hatte, um diesen gefährlichen Ort zu erreichen. Ich erzählte ihm von meinem früheren Leben, von dem Erfolg, den ich als Superstar im Rechtswesen gehabt hatte, meinem gewohnten Jet-Set-Leben und dann von dem schrecklichen Verlust, den ich durch Allys Tod erlitten hatte. Ich bat ihn inständig, mich zu seiner Gemeinschaft der Weisen mitzunehmen und es mir zu gestatten, von ihrer tiefen Weisheit zu lernen, damit ich das Geheimnis eines erfüllten, sinnvollen Lebens entdecken konnte.«

Julian erzählte mir, dass der Mann sich seine Geschichte schweigend und hoch konzentriert anhörte. Er war sich nicht einmal sicher, ob der Weise überhaupt ein Wort von dem verstand, was er redete. Doch dann neigte sich sein Gegenüber meinem Bruder zu und legte ihm einen Arm auf die Schulter. »Wenn es wahrhaftig dein Herzenswunsch ist, die Weisheit zu erlernen, wie man ein besseres Leben führt, dann ist es meine persönliche Pflicht, dir zu helfen. Ich weigere mich nie, jemanden zu unterstützen, der sich in Zeiten der Not an mich wendet. Einem Bedürftigen Hilfe zuteil werden zu lassen ist eines unserer heiligen Gelübde, das mir sehr am Herzen liegt. Ich bin in der Tat einer dieser Weisen, nach denen du gesucht hast. Du bist seit Jahren der erste Mensch, dem es gelungen ist, uns zu finden. Herzlichen Glückwunsch, ich bewundere deine Ausdauer. Du warst sicher einmal ein hervorragender Anwalt«, meinte der Mann mit einem Grinsen. Der Weise führte Julian dann zu dem Versteck in den Bergen, wo er und die anderen Mönche lebten, und versprach ihm, man würde ihn dort mit offenen Armen willkommen heißen und ihm die alten Prinzipien beibringen, die ihre Vorfahren seit Jahrhunderten von Generation zu Generation weitergaben.

»Der Weise stellte mir nur eine Bedingung«, merkte Julian ernst an. »Ich kann mich noch genau an seine Worte erinnern: ›Bevor ich dich in unser Zuhause mitnehme und dir unser kollektives Wissen vermittle, muss ich dich bitten, mir eines zu versprechen. Auch wenn wir dort oben in diesen zauberhaften Bergen abgeschieden leben, sind wir uns dennoch bewusst, in welch chaotischem Zustand unsere Welt sich befindet. Die Menschen haben vergessen, wie man mit Anstand und Liebe lebt. Sie haben aus den Augen verloren, was wirklich zählt. Sie opfern die wahre Bedeutung dem Mammon und jagen Profit hinterher statt Sinn. Die Familie steht nicht mehr an erster Stelle, und folglich leiden Kinder und Ehepartner unnötigerweise. Sie nehmen sich nicht mehr die Zeit, um sich zu regenerieren und ihre wichtigsten Beziehungen zu pflegen. Sie haben vergessen, dass die kleinen Freuden im Leben, wie der Zauber eines Kinderlachens oder die Pracht eines Sonnenaufgangs, das Wichtigste im Leben sind. Ich bin überzeugt, dass die Menschen in deinem Teil der Welt ein glücklicheres und erfüllteres Leben verdient haben. Ich weiß, dass für diese Leute noch Hoffnung besteht, und meine Intuition sagt mir, dass diese Hoffnung durch dich kommt. Während du in diesen mystischen Bergen bei uns bist, wirst du ein beachtliches System kennenlernen, dein Leben wieder in den Griff zu bekommen. Du wirst viel darüber lernen, welche Macht der menschliche Geist als positive Kraft in dieser chaotischen Welt hat. Du wirst feststellen, wie du stärker, gesünder, glücklicher und weiser als je zuvor wirst. Du wirst auch verstehen lernen, wie wichtig tragfähige Beziehungen für ein erfülltes Leben sind, und du wirst einzigartige Techniken erfahren, wie sich die wahre Liebe in deinem Leben wiederherstellen lässt.«

»Liebe?«, fragte Julian, überrascht, dass der Weise Liebe als einen Wert nannte.

»Ja«, kam auf der Stelle die Antwort. »Wir brauchen alle mehr Liebe im Leben. In der Tat wäre es hier auf dieser Welt viel schöner, wenn es mehr Liebe gäbe. Aber bevor ich dich in unsere Kultur einführe und dich all meinen Brüdern und Schwestern vorstelle, musst du mir versprechen, dass du die zu erlernenden Lektionen allen Bedürftigen im Westen weitervermitteln wirst. Wirke als Lehrer unserer alten Lebensweisheit und mache sie auf der Welt bekannt, damit vielen Menschen geholfen werden kann und viele Leben sich ändern. Das Wichtigste im Leben ist nicht, was du von ihm bekommst, sondern was du ihm gibst. Es geht darum, anderen zu helfen und der Welt durch die eigene Lebensweise von Segen zu sein. Du musst dich aus tiefstem Herzen engagieren, deine restlichen Tage diesem einfachen, aber in Vergessenheit geratenen Prinzip zu widmen. Versprichst du mir das?«

»Ich habe dieser Bedingung sofort zugestimmt«, erzählte Julian mir. Es trat eine kurze Pause ein. »Innerhalb weniger Stunden stand ich in dem bemerkenswertesten Dorf, das ich je im Leben gesehen hatte. Es war von so atemberaubender Schönheit, dass es fast schon übernatürlich wirkte. Ich habe nie etwas gesehen, was dem auch nur irgendwie gleichkäme, Catherine. Jedes Bauwerk, auch der Tempel in der Dorfmitte, war mit Rosen bedeckt.«

»Rosen?«, fragte ich.

»Ja, Rosen. Allein schon der Duft in diesem Dorf war einfach unglaublich. Und jeder der Einwohner von Sivana sah so außergewöhnlich wie der große Weise aus, der mich hingebracht hatte. Ich war total ergriffen angesichts dieser Umgebung. Ich konnte es einfach nicht fassen. Ich hatte mein

Leben riskiert, um diesen sagenhaften Ort zu finden. Und nun hatte ich ihn wirklich entdeckt und es wurde mir das Privileg zuteil, in die Gemeinschaft aufgenommen zu werden und von ihnen zu lernen. Ich war vor Freude zu Tränen gerührt.«

Julians Geschichte zog mich schon seit fast zwei Stunden in ihren Bann. Das Abenteuer meines Bruders war ein Stoff, der für einen Roman taugte, und doch hatte er all das wirklich erlebt. Aus irgendeinem Grund hatten die Schwestern vor meinem Zimmer beschlossen, uns allein zu lassen, vielleicht weil sie spürten, dass er zur Familie gehörte und der Kontakt sich positiv auf meine Lebensgeister auswirkte. Ich überlegte mir, was sie wohl von seiner Kleidung hielten. Vermutlich war er ja der erste Mönch, den sie hier zu Gesicht bekamen. Ich kicherte. Ich konnte es kaum abwarten zu erfahren, was Julian in Sivana gelernt hatte. Ich weiß jetzt, warum er gesagt hatte, er sei zurückgekehrt, um mir zu helfen. Er war zurückgekommen, um das Versprechen zu erfüllen, das er dem Weisen gegeben hatte, indem er mir die Prinzipien der Lebenserneuerung und eines weisen Daseins vermittelte. Ich hoffte, Julian würde mir helfen können, meine Familienbeziehungen in Ordnung zu bringen, und mich lehren, wie ich aus meinem Heim das verdiente freudvoll-inspirierte Zuhause machen könnte. Zum ersten Mal seit Langem fühlte ich eine Art Aufregung ob der Aussicht auf ein erfüllteres Leben. Die Leere, die mich so lange umgeben hatte, zog wie graue Sturmwolken davon und machte den ersten Sonnenstrahlen Platz. Julian stand auf.

»Catherine, ich freue mich so, dich zu sehen«, sagte er zärtlich, »aber ich muss nun eine Weile weg. Ich habe einiges zu tun.«

»Julian, ich habe dich seit Jahren nicht gesehen. Bitte lass mich jetzt nicht allein«, erwiderte ich ängstlich.

»Ich verspreche dir, dass ich bald zurück bin. Ich habe nicht vor, so schnell wieder abzureisen, du hast mich also am Hals, ob es dir passt oder nicht. Du hast ja wahrscheinlich schon erraten, weshalb ich hier bin.«

»Um dein Versprechen zu erfüllen, das du den Weisen gegeben hast?«

»Genau. Ich wusste, dass du in Schwierigkeiten steckst. Ich habe von dem Flugzeugabsturz gelesen und deshalb bin ich auf dem schnellsten Weg gekommen. Aber ich hatte schon vorher gewusst, dass du dich auf einem unguten Weg befindest. Ich habe von einem meiner ehemaligen Sozien gehört, dass du geschäftlich überaus erfolgreich bist, dein Privatleben aber ein Chaos ist. Deine beiden reizenden Kinder brauchen dich. Du solltest sie an erster Stelle sehen und sie ermuntern, die richtigen Fähigkeiten zu entwickeln, damit sie später zu einfühlsamen und großartigen Erwachsenen werden. Ich will dir zeigen, wie du eine grandiose Mutter wirst und dabei wahre Erfüllung findest. Ich will dir die Geheimnisse der Weisen mitteilen, Beziehungen zu pflegen, damit du deine Bindung zu Jon vertiefen kannst. Und ich will dir auch beibringen, wie du dein komplexes Leben einfacher gestalten kannst, damit du zu deiner idealen Balance findest.«

»Meinst du, dass ich meine Karriere aufgeben sollte?«, wollte ich wissen.

»Aber keineswegs. Ich bin hier, um dir zu vermitteln, dass du alles haben kannst. Es ist möglich, beruflich zufrieden zu sein, gute Arbeit zu leisten und auf viele Leben Einfluss zu nehmen und gleichzeitig ein wunderbares Familienleben zu führen, indem du dein Zuhause bereicherst. In der Tat«, fügte Julian hinzu, »bin ich zu dem Schluss gekommen, dass eine starke häusliche Basis sogar größeren Erfolg in der Arbeit nach sich zieht.«

»Ist es wirklich möglich, auf beiden Gebieten im Leben hervorragend zu sein?«

»Absolut«, antwortete Julian schon auf dem Weg zur Tür. »Der Trick ist, cleverer zu arbeiten, nicht mehr. Du musst deine Arbeit mit mehr *Perspektive* ausfüllen und dir klarer werden, welche Handlungsweisen wirklich wichtig und welche es nicht sind. So gewinnst du Zeit für deine Familie und auch für all die anderen sinnvollen Aktivitäten, die für inneren Frieden und Freude sorgen. Aber davon später mehr. Ich muss los und ein paar Leute treffen«, sagte Julian mit einem breiten Grinsen. »Ich wüsste ja zu gern, was die Models, mit denen ich früher ausgegangen bin, von meinem Gewand hier halten«, meinte er sinnend.

»Das soll wohl ein Scherz sein, oder?«

»Ja, klar, Catherine. Ich bin ein Mann, der seinen Worten gemäß handelt und seine Botschaft lebt. *Wir alle müssen unsere Botschaft leben.* Mein Leben ist jetzt völlig anders als früher, wie du weißt. Ich lebe einfach und sinnvoll und konzentriere mich nur auf das Wesentliche. Meine wilden Tage sind vorbei.«

»Schön, das zu hören, großer Bruder. Mann, habe ich mir Sorgen um dich gemacht.«

»Nicht mehr nötig. Danke, Schwesterchen. Ich hab dich lieb!«

Und mit diesen Worten küsste mich der zum erleuchteten Mönch bekehrte Superstar von Jurist erneut auf die Stirn und hastete aus dem Zimmer, wobei sein rotes Gewand hinter ihm her wehte. Von seinem völlig überraschenden Besuch blieb nur eines: sein goldener Schmetterling, den er neben mein Kopfkissen gelegt hatte. Als ich ihn umdrehte, sah ich, dass Julian mit winzigen Lettern ein paar Worte eingraviert hatte. Ich setzte mir die Lesebrille auf, um die elegant ausgeführte Botschaft zu entziffern. *Catherine,* stand da geschrieben, *deine Kinder sind der größte Segen deines Lebens und sie sind nur einmal jung. Setze sie an die erste Stelle, dann wird dein Leben aufblühen. Ich bin so glücklich, wieder zu Hause zu sein. Dein Fan Julian.*

Die erste Meisterschaft einer Führungs-persönlichkeit in der Familie

Führungskompetenz im Leben beginnt mit Führungskompetenz zu Hause

Ich wünschte, jemand hätte mir vor 25 Jahren gesagt, mein tiefer Lebenssinn bestünde darin, die Werte meiner Kinder zu prägen, und nicht die meiner Karriere.

Rabbi Harold Kushner

Wüchsen die Kinder fort, wie sie sich andeuten, hätten wir lauter Genies.

Johann Wolfgang Goethe

Es war nicht einmal einen Monat her, seit ich aus dem Krankenhaus nach Hause zurückgekehrt war. Wie Julian mir versprochen hatte, war ich zum Glück völlig genesen und verfügte wieder über meine früheren Kräfte. Aber es sollte sich infolge meines Weckrufs auf 10 000 Metern Höhe vieles verändern. Ich beschloss, meine Arbeit zu optimieren und mir ein Büro zu Hause im Souterrain einzurichten. Somit reduzierte sich mein Weg zur Arbeit von einer vollen Stunde auf eine Minute. Es machte mir Spaß, im Flanellschlafanzug Überseekonferenzen mit Managern von wichtigen Unternehmen abzuhalten. Auch wenn ich meine Prioritäten neu gesetzt hatte, genoss ich noch immer den Adrenalinstoß, den mir mein eigenes Unternehmen verschaffte. Und ich war dankbar, dass Julian mir nicht empfohlen hatte, diesen Teil meines Lebens aufzugeben.

Auf Anraten der Ärzte begann ich, Sport zu treiben – ich fühlte mich super dabei – und ernährte mich auch gesünder. Aus und vorbei mit nächtlichen Fahrten zu Fast-Food-Lokalen und Pizza mit drei Käsesorten samt Peperoni plus Schinken. Ich verbrachte die meiste Zeit mit Jon und den Kindern zu Hause und bemühte mich, den Funken wieder zu entfachen, der durch meine lange Abwesenheit erloschen war. Aber eine der größten Veränderungen überhaupt war Folgende: Julian, einst Besitzer einer der größten Villen der Stadt und bekannt für seine Unabhängigkeit, zog bei uns ein und bewohnte fortan das kleine, aber sonnendurchflutete Zimmer über der Garage. Vermutlich war er wirklich wild entschlossen, *seine Botschaft zu leben,* und da er die Bedeutung des einfachen

Daseins predigte, freute es mich, dass er es nun in die Tat umsetzte. Allerdings konnte ich es kaum glauben, dass mein Bruder, der legendäre Julian Mantle, gerade von seiner spektakulären Wanderschaft durch den Himalaya zurückgekehrt, wo er die bemerkenswertesten Weisen der Welt kennengelernt hatte, nun in aller Ruhe in den Räumen unserer Großmutter über der Garage wohnte. Das Leben nimmt manchmal seltsame Wendungen.

Und doch empfand ich weder Sorge noch Mitleid für meinen Bruder. Natürlich machte es mich traurig, dass ihm das Leben so hart zugesetzt hatte. Den Verlust seiner Tochter Ally hatte er bei Weitem nicht verdient. Aber ich hatte nicht das Gefühl, dass er in Ungnade gefallen war. Klar, er sauste nicht mehr in seinem funkelnden Ferrari durch die Stadt. Er hatte sein Anwesen verkauft und wohnte jetzt in einer Art Laufstall, der kaum größer war als das Badezimmer seines früheren Büros. Klar, er war nicht mehr der gefeierte Star der Stadt, der seine Nächte mit schönen, kaum 20 Jahre alten Models und coolen Investmentbankern verbrachte, für die es normal war, mal eben für einen Abend nach Nassau ins Kasino zu jetten. Ich begriff, dass er zwar den materiellen Wohlstand seines früheren Lebens nicht mehr genoss, dafür aber etwas Wichtigeres gefunden hatte. Seine Gesundheit war hervorragend, er war wieder so lebhaft wie in seiner Jugend und zum Hüter einer substanziellen Weisheit geworden, die mich tief berührte. Mir wurde klar, dass sein Leben sich von höchster Komplexität zu absoluter Einfachheit gewandelt hatte. War er früher ständig frustriert gewesen, so feierte er nun sein Dasein. Nein, Julian war nicht in Ungnade gefallen. Er hatte die Gnade gefunden.

* * *

»Lass uns in die Zentrale von BraveLife.com fahren«, schlug Julian vor, als er eines Tages in unsere sonnige Küche schlenderte, nachdem er das Ritual seines morgendlichen Spaziergangs beendet hatte. »Ich war seit Jahren in keinem Büroturm mehr und ich bin neugierig, was sich in der Geschäftswelt so alles verändert hat.«

Während ich jetzt von zu Hause aus arbeitete, waren meine sämtlichen Angestellten in ihren Luxusbüros geblieben, die ich mit meinen Geschäftspartnern bei unserer Firmengründung gemietet hatte – bevor sie dann ums Leben kamen. Die Räume lagen auf zwei Etagen in einem der nobelsten Wolkenkratzer der Stadt mit einer atemberaubenden Sicht. Ich besuchte die Büros zwar regelmäßig, fuhr aber mittlerweile ungern in die Innenstadt.

»Warum um Himmels willen willst du denn dorthin, Julian? Du hast doch jahrelang nicht einmal mit deinen alten Freunden geredet. Ich hätte gedacht, dass das Bankenviertel der letzte Ort wäre, wo du hinwolltest – schließlich hast du dort als Staranwalt praktisch gelebt.«

»Seit ich vom Himalaya zurück bin, habe ich tatsächlich mit ein paar alten Freunden geredet, aber das ist eine andere Geschichte«, antwortete Julian rätselhaft. »Und ich muss wirklich in die Innenstadt.«

»Was brauchst du von dort? Ich bringe dir doch liebend gern alles mit, was du möchtest.«

»Also eigentlich will ich nicht meinetwegen ins Zentrum, sondern deinetwegen.«

»Meinetwegen? Ich habe daran kein Interesse mehr. Ich bin glücklich und zufrieden, von zu Hause aus zu arbeiten, und im Büro kommen alle bestens ohne mich klar. Und außerdem«, fuhr ich fort, »kommst du in diesem Gewand, das du ja ständig trägst, niemals am Sicherheitspersonal vorbei. Willst du es wirklich weiterhin anhaben? Auf der Straße tuscheln schon alle über den ›Mönch, der bei Familie Cruz eingezogen ist‹. Sogar Miss Williamson, die alte Dame, die den ganzen Tag mit ihren 14 Katzen in ihrem dunklen Wohnzimmer sitzt, kam auf mich zu und fragte, wer du bist, als ich gerade vor dem Haus im Garten arbeitete. Ich möchte wetten, sie findet dich süß, Julian«, witzelte ich.

»Sie ist nicht mein Typ«, erwiderte Julian lachend. »Vertrau mir einfach, Catherine«, fuhr er fort. »Ich habe heute eine Lektion für dich vorbereitet und dein ehemaliges Büro ist genau der richtige Ort dafür. Also es gibt fünf meisterliche Fähigkeiten, die ich dir vermitteln will – *Die fünf Meisterschaften einer Führungspersönlichkeit in der Familie,* um genau zu sein.«

»Was ist in dem Zusammenhang eine Meisterschaft?«

»Eine Meisterschaft ist eine Fertigkeit, die jemand durch ständiges Üben und Konzentration erwirbt und dann brillant beherrscht. Im Lauf der kommenden Wochen will ich dir fünf zeitlose – und grundlegende – Philosophien vermitteln, die deine Fähigkeiten als Mutter sowie die Qualität deines Familienlebens völlig verändern werden. Die fünf Meisterschaften einer Führungspersönlichkeit in der Familie beruhen unmittelbar auf den Lehren der Großen Weisen von Sivana. Ich habe nur ein paar meiner eigenen Erkenntnisse hinzugefügt«, sagte Julian mit einem wissenden Lächeln. »Ich habe das Gefühl, dass du heute bereit bist, die erste Meisterschaft für dich zu entdecken.«

»Und die wäre?«, fragte ich mit angehaltenem Atem.

»Dass *Führungskompetenz im Leben mit Führungskompetenz zu Hause beginnt.*«

»Faszinierend. Sag mir mehr darüber.«

»Erst wenn wir in der Innenstadt sind«, erwiderte Julian bestimmt. »Das Ambiente muss perfekt sein.«

»Also gut, fahren wir. Ich weiß, dass die *fünf Meisterschaften* mein Leben ändern werden. Irgendwie spüre ich das. Ich fühle einfach, dass diese Weisheit, von der du mir nun erzählen willst, mein Denken, meine Worte und Taten revolutionieren wird«, antwortete ich und griff nach den Autoschlüsseln. »Und ich schätze, es ist an der Zeit, wieder ein paar Risiken einzugehen.«

»Das ist die richtige Einstellung, Catherine. Im ganzen Leben geht es doch um nichts anderes, als neues Wissen zu erwerben und mehr zu riskieren, nicht wahr? Das größte Risiko im Leben ist, dass man nicht immer größere Risiken eingeht.«

»Hat nicht Peter Drucker gesagt: ›Es gibt Risiken, die einzugehen man sich nicht leisten kann; und es gibt Risiken, die nicht einzugehen man sich nicht leisten kann.‹?«

»Stimmt. Und um noch weiter in der Geschichte zurückzugehen – der römische Philosoph Seneca behauptete: ›Nicht weil es schwer ist, wagen wir es nicht, sondern weil wir es nicht wagen, ist es schwer.‹ Ich versuche in meinem Leben, tagein tagaus ein sinnvolles Risiko einzugehen, selbst wenn es nur ein kleines ist. Auf diese Weise wachse ich und entwickle mich ständig weiter.«

»Ich habe vor ein paar Wochen den Film *Rounders* gesehen. Kennst du ihn?«

»Ich habe seit Jahren keinen Film mehr angeschaut, Catherine. Wir Mönche verbringen generell nicht viel Zeit mit dergleichen«, sagte Julian und grinste dabei über das ganze Gesicht. »Außerdem bleibt mir das Popcorn immer an den Zähnen kleben. Genau da«, fügte er hinzu und machte den Mund auf, um auf die Lücke zwischen zwei Backenzähnen zu deuten.

»Erspare mir die blutrünstigen Einzelheiten, Julian. Der Film war jedenfalls recht gut – es ging darum, wie wichtig es ist, im Leben kalkulierbare Risiken einzugehen und sein Schicksal in die Hand zu nehmen, selbst wenn es einem nicht leichtfällt.«

»Klingt interessant.«

»War es auch. Jedenfalls hat in dem Film Papa Wallenda ...«

»Der berühmte Hochseilartist?«, rief Julian begeistert dazwischen.

»Ja, der Hochseilartist, Julian. Also jedenfalls wurde in dem Film Papa Wallenda zitiert, der sagte: ›Man lebt sein Leben auf dem Drahtseil. Alles Übrige ist bloß Warterei.‹«

»Mann, das ist echt gut. Ja, wirklich. Und es ist absolut wahr, Catherine. Menschen, die im Leben weiterkommen, haben hochfliegende Träume und gehen dann alle notwendigen Risiken ein, um ihre Vision zu verwirklichen. Sie stellen sich ihren Ängsten, bringen sich ins Spiel und sind mutig. Sie durchbrechen die Schranken ihrer Ängste, egal wie groß diese sein mögen. Bedenke, *es ist besser, einen Tag lang ein Löwe zu sein als sein ganzes Leben lang ein Schaf.*«

»Diese Worte haben es aber in sich, Julian.«

»Und deshalb«, fuhr Julian ohne innezuhalten fort, »packe jetzt die Chance beim Schopf und fahre mit dir zu BraveLife.com; ich weiß schon, dass es nicht leicht für dich ist. Aber du wirst sehen, dass es sich lohnt.«

»Die Angst spüren und etwas trotzdem durchziehen?«

»Ja, genau. Wie ich dir im Krankenhaus gesagt habe, *auf der Kehrseite der Angst wartet die Freiheit.*«

* * *

Ich war nervös, als ich mit Julian in den glänzenden Büroturm trat, in dem ich früher die meiste Zeit meines Lebens verbracht hatte, wenn ich nicht gerade schlief. Allein schon der Geruch dort versetzte mich in totale Anspannung. Ein Mann vom Sicherheitspersonal kam auf Julian und mich zu, als wir zu den Aufzügen gingen, die uns zu den Büros von BraveLife.com oben in diesem Stahl-und-Glas-Palast hinaufbringen sollten.

»Tag, Mrs. Cruz. Schön, Sie mal wieder zu sehen. Ich habe von dem Flugzeugunglück gehört. Wir alle hier vom Sicherheitsdienst waren tief betroffen, als wir davon erfuhren. Für Ihre Partner tut es mir leid. Waren nette Burschen.«

»Ja, Matt, sie waren tolle Männer, und sie fehlen mir sehr. Danke, dass Sie über sie sprechen. Ich komme mit dem Verlust besser klar, wenn ich höre, wie nett die beiden zu so vielen anderen Menschen waren. Ich freue mich auch, Sie zu sehen. Ich komme ja nicht mehr oft in die Firma. BraveLife.com manage ich jetzt von zu Hause aus, damit ich mehr Zeit für meine Familie habe. Es ist wirklich ein seltsames Gefühl, wieder hier zu sein.«

»Das ist aber eine gewaltige Veränderung, Mrs. Cruz. Ich würde sagen, von allen Leuten, die ich hier in dem Hochhaus kenne, haben Sie immer am härtesten gearbeitet. Die anderen Wachmänner und ich haben immer gewettet, wie früh Sie kommen und wie spät Sie wieder gehen würden.«

»Nun, das war einmal, Matt«, antwortete ich verlegen.

»Ihre Kinder freuen sich bestimmt über Ihre Entscheidung. Ich habe drei Kleinkinder zu Hause und ich weiß, dass es das Beste für sie ist, wenn ich als Vater viel Zeit mit ihnen verbringe.«

»Da haben Sie recht, Matt. Meine Kinder sind begeistert, weil ihre Mum wieder da ist. Ich glaube, ehrlich gesagt, dass sie nie so glücklich waren.«

Das Gesicht des Wachmanns wurde ernst. »Tut mir leid, Mrs. Cruz, aber ich muss Sie fragen, ob der Herr neben Ihnen einen Ausweis hat. Wie Sie wissen, herrscht hier im

Gebäude die höchste Sicherheitsstufe, und ich muss das fragen, sonst bringt mein Boss mich um.« Dann warf er einen Blick auf Julian. »Nichts für ungut, aber es kommen nicht viele Mönche her.«

»Matt, das ist mein Bruder Julian. Julian Mantle.«

»Julian Mantle? Der berühmte Strafverteidiger?«

»Ja, der berühmte Strafverteidiger.«

Der Mann vom Sicherheitspersonal war sprachlos. »Ehm ... Ja, also, guten Tag, Mr. Mantle. Ich habe früher ständig von Ihnen in der Zeitung gelesen. Ich war wirklich ein großer Fan von Ihnen«, fügte er hinzu und schüttelte Julian mit beiden Händen die Hand – wie man es eben macht, wenn man sich bei jemandem einschmeicheln will. »Ein paar von den Prozessen, die Sie gewonnen haben, waren schier unglaublich, Mann. Erinnern Sie sich noch an den Fall, bei dem Sie so ein Fast-Food-Lokal auf Millionen von Dollar verklagt haben, weil jemand Ihrem Mandanten heißen Kaffee auf den Schoß geschüttet hatte?«

»An diesen Fall erinnere ich mich noch gut, Matt. Es hat mir Spaß gemacht, den Prozess zu gewinnen«, erwiderte Julian liebenswürdig.

»Was ist aus all den schicken Anzügen geworden, die Sie immer getragen haben, Mr. Mantle? Und aus dem schnieken Ferrari? Mann, das Auto war eine Wucht. Die Jungs und ich haben Sie immer hier vorbeifliegen sehen – das Verdeck war ständig offen. Die Frauen neben Ihnen waren echt scharf«, merkte der Wachmann mit dem Überschwang eines Schuljungen an, der zu seinem ersten Rendezvous loszieht.

»Alles längst vorbei, mein Freund, aus und vorbei«, erwiderte Julian und senkte den Blick, als wäre ihm sein früherer Lebensstil peinlich.

»Und jetzt sind Sie also Mönch?«, insistierte der Wachmann.

»Ich habe beschlossen, dieses Gewand nun zu tragen, Matt. Meine Lehrer haben diese Gewänder getragen. Sie erinnern mich an den Mann, der ich jetzt bin, und an die Mission, die ich nun erfüllen will. Ich habe mich entschieden, jetzt ein erheblich einfacheres Leben zu führen. Keine Ferraris mehr«, sagte Julian und gab dem Wachmann einen Klaps auf den Rücken, bevor er zu den Aufzügen ging.

»Nun, dann fahren Sie mal nach oben, Mr. Mantle. Es war mir eine Ehre, Sie persönlich kennenzulernen, Sir. Und passen Sie auf sich auf, Mrs. Cruz. Lassen Sie es sich mit Ihren Kindern gut gehen. Sie werden ja so schnell erwachsen.«

Als Julian und ich die noblen Büros von BraveLife.com betraten, war ich ob des geschäftigen Treibens total perplex. Es war, als wären die Leute einfach damit beschäftigt, geschäftig zu sein. Die Angestellten hetzten hin und her, die Computer surrten, die Telefone läuteten und die Faxe flogen nur so.

»Kaum zu glauben, dass das mal mein Leben war«, bemerkte ich leise in Richtung Julian.

»Sei nicht so streng mit dir, Catherine. Du hast deine Hypothek abstottern und deine Rechnungen bezahlen müssen. Glaub mir, ich hege für die Leute unseres Zeitalters große Sympathie. Die Ausgaben sind hoch und die finanziellen Verpflichtungen scheinen kein Ende zu nehmen. Sie wollen ihrer Familie ein schönes Leben bieten und deshalb sehen sie sich gezwungen, immer härter und länger zu arbeiten. Und das raubt ihnen dann die Lebensenergie. Sie werden zu leeren Hülsen ihres wahren Wesens. Am Ende des Arbeitstags fahren sie in ihrem Kummerkasten nach Hause, schleppen sich in ihr Heim, blaffen die Familie an und dösen dann in ihren Designerbetten ein. Mir tun diese Leute wirklich leid.«

»Was ist denn ein Kummerkasten?«

»Ach«, antwortete Julian und fing an zu kichern, »das ist mein Begriff für Auto. Die meisten Menschen sind nach einem elenden Tag in der Arbeit so unglücklich, dass ihr Auto bloß noch ein ›Kummerkasten‹ ist, der sie nach Hause transportiert.«

Ich lachte. Julian griff den Faden wieder auf; er freute sich, dass ich mich auf jedes seiner Worte so konzentrierte.

»Solche Leute leben nur halb, Catherine. ›Eine der traurigsten Erfahrungen, die ein Mensch machen kann, ist, gegen Ende eines unproduktiven Lebens mit grauen Haaren und Falten aufzuwachen und festzustellen, dass er all die Jahre lang nur einen Bruchteil seines Potenzials genutzt hat.‹ V. W. Burrows hat das einmal gesagt. Und darin liegt viel Weisheit. Bei diesem Spiel geht es nicht darum, sich für seine Arbeit zu opfern und für seine Lieben dann nichts mehr übrig zu haben. Verändere die Spielregeln, nein, missachte sie einfach und mach dir klar, dass man arbeitet, um zu leben, und nicht lebt, um zu arbeiten. Leiste hervorragende Arbeit. Hab deinen Spaß dabei und verschreibe dich deinen Klienten. Aber sei so klug zu wissen, dass es mehr im Leben gibt als die schönen Dinge, die man sich mit Geld kaufen kann. Wie wäre es mit reizenden Kindern, einer netten Familie und einem liebevollen Familienleben? Dergleichen kommt nur, wenn man sich einem erfüllten Dasein zu Hause widmet. Und das, Catherine, dauert seine Zeit. *Vergiss eines nie: Das schönste Geschenk für deine Kinder ist, ihnen deine Zeit zu schenken.*«

»Wirklich?«

»Absolut. Es zeigt ihnen, dass du sie wirklich liebst und schätzt. Nichts ist so wertvoll oder wichtig. Womit ich nun an dem Punkt bin, weshalb ich dich hierhergebeten habe.«

»Das hatte ich mich schon gefragt.«

»Was ist BraveLife.com?«

»Eine Firma, die Angestellte unserer Klienten schult, damit sie einen produktiveren, effizienteren und erfolgreicheren Arbeitsstil pflegen. Wir rangieren im Internet an erster Stelle als E-Learning-Anbieter.«

»Und sonst?«

»Unsere einzigartige Technik ermöglicht es den Angestellten, von den besten Fachleuten der Welt bequem am eigenen Desktop unterwiesen zu werden.«

»Ist das deine endgültige Antwort?«, fragte Julian und grinste dabei wie der Moderator einer Spielshow.

»Ja.«

»Deine Antworten sind alle korrekt. Aber ich hatte eigentlich auf etwas anderes gewartet: Schlussendlich ist deine Firma eine Gemeinschaft.«

»Wirklich?«

»Ja, natürlich. Letztendlich ist diese Firma, die du so unermüdlich aufgebaut hast, nichts als eine Gruppe von Menschen, die sich für einen gemeinsamen Sinn und Zweck zusammengetan haben. BraveLife.com ist nicht wirklich ein Unternehmen, sondern eine Ansammlung von Leuten, die für das gleiche Ziel arbeiten.«

»Geld zu verdienen?«, fragte ich und war über meinen eigenen Zynismus überrascht.

»Nein, keineswegs. Sie alle streben nach Sinn, nach einem Gefühl der Erfüllung. Und sie alle sehnen sich – ob es ihnen nun klar ist oder nicht – nach etwas, das ihr Herz *zwingend* mit Leidenschaft erfüllt und sie ihr Bestes geben lässt. Dee Hock, der Gründer von VISA, formulierte es einmal so: ›Alle Organisationen sind nur konzeptionelle Verkörperungen eines sehr alten, sehr grundlegenden Konzepts – des Konzepts der Gemeinschaft. Sie können nicht mehr oder weniger sein als die Summe der Überzeugungen der Menschen, die sich diesem Konzept verschreiben; also ihres Charakters, ihrer Urteilsfähigkeit, ihrer Handlungen und Bemühungen.‹«

»Interessant. Ich habe die Firma nie so gesehen.«

»Es stimmt aber. Was uns bei der sogenannten New Economy, in der wir arbeiten, reich werden und durch die wir sogar Lebensmittel online kaufen können, wirklich fehlt, ist ein tiefes Gemeinschaftsgefühl. Wir haben die grundlegenden menschlichen Bindungen verloren, die notwendig sind, damit wir in einem Zustand der Freude und des Glücks arbeiten und leben. Wir haben das Zugehörigkeitsgefühl zu etwas Größerem und Wichtigerem, als wir selbst es sind, verloren.

In dieser durch das Internet geschaffenen grenzenlosen Welt wünscht sich jeder Einzelne von uns einen Ort, wo er sich geliebt und wichtig fühlt und wo man ihm vertraut; einen Ort, den wir als ›Zuhause‹ bezeichnen können.«

»Woher weißt du denn so viel über das Internet, Julian? Du warst doch eine wahre Ewigkeit im Himalaya.«

»Ich lerne aus Leidenschaft und bin ein engagierter Schüler, Catherine. In dieser neuen Welt hört das Lernen nicht nach unserem letzten Examen auf. Es endet erst nach unserem letzten Atemzug. Vor vielen Jahren schrieb Erasmus von Rotterdam: ›Wenn ich zu Geld komme, kaufe ich Bücher; und wenn mir etwas übrig bleibt, kaufe ich noch Essen und Kleidung.‹«

»Meine Güte.«

»So bin ich auch, Catherine. Mich hungert nach Wissen – manchmal sehne ich mich danach. Auch wenn das meiste, was ich lese und worüber ich nachdenke, aus der Weisheit der Literatur stammt – aus den Büchern der größten Denker der Welt –, halte ich mich dennoch auf dem Laufenden, was in unserer Welt vor sich geht. Wozu ist Weisheit gut, wenn man kein Konzept hat, wie es sich auf die eigenen Lebensumstände anwenden lässt?«

»Guter Punkt«, stimmte ich Julian, ohne zu zögern, zu. »Und deshalb sag mir, was wir tun können, um das Gemeinschaftsgefühl in unserem Leben wiederherzustellen.«

»Prima Frage, Catherine. Das war genau die Antwort, die ich mir von dir erhofft hatte. Bei all dem Wandel in der Gesellschaft und in den Unternehmen ist das Gemeinschaftsgefühl der Menschen von früher verschwunden. Im Geschäftsleben gehört Loyalität der Vergangenheit an, und Umstrukturierungen in Firmen lassen viele Arbeiter glauben, dass sich bei diesem Spiel jeder selbst verteidigen muss um zu überleben.«

»Wo sollen die Menschen also das Gemeinschaftsgefühl herkriegen, nach dem wir uns alle so sehnen?«

»Von der Familie«, lautete Julians prompte Antwort. »Die Menschen sollten sich wieder auf ihr Familienleben besinnen und es an die erste Stelle setzen. Langsam verstehen die Leute, dass sie die gesellschaftliche Erfüllung, die sie früher aus ihrer Arbeit bezogen, in ihrem eigenen Zuhause finden. Es wird ihnen klar, dass sie die Vorteile einer Gemeinschaft nicht erst außerhalb ihres Zuhauses erleben können, – sie können diese in den eigenen vier Wänden genießen.«

»Und mit den Menschen, die man am meisten liebt«, fügte ich hinzu; ich war völlig fasziniert von dem, was Julian mir da sagte.

»Richtig, Catherine. Betrachte deine Familie also als deine persönliche Gemeinschaft, in der du die größte Zufriedenheit erlebst. Du wirst begreifen, dass du dich durch deine Familie selbst besser verstehst und tiefere Einsichten, Wissen und Weisheit erfährst. Durch deine Familie kannst du an Menschlichkeit gewinnen und dich innerlich stärken. Meine Botschaft an dich ist einfach: *Führungskompetenz im Leben beginnt mit Führungskompetenz zu Hause.* Deine Familie ist dein Fundament – wie eine Raketenbasis. Sobald diese Basis sicher und zuverlässig ist, kannst du zu unvorstellbaren Höhen aufsteigen.«

»Nun gut, wo ist der Ausgangspunkt?«

»Er liegt darin zu erkennen, dass deine Familie auch nicht anders als andere Unternehmen ist, BraveLife.com eingeschlossen.«

»Wirklich?«

»Ja, wirklich. Die Parallelen liegen auf der Hand. Deine Firma und deine Familie haben jeweils eine einzigartige Kultur, oder nicht?«

»Nun, BraveLife.com hat definitv seine eigene Kultur. Es gibt bestimmte Regeln, wie wir uns kleiden, und bestimmte Vorgaben, die wir befolgen, und eine besondere Art und Weise, wie wir miteinander umgehen, die uns im Vergleich zu anderen Firmen in der Branche zu etwas Besonderem macht.«

»Und ist deine Familie da irgendwie anders?«

»Nein, wenn ich es mir recht überlege, nicht. Zu Hause haben wir wohl auch eine Kultur. Wir haben bestimmte Regeln, Werte und eine besondere Art und Weise, wie wir etwas machen.«

»Ja. Und wie bei anderen Kulturen und Organisationen muss eines vorhanden sein, wenn man wachsen und weiterkommen will.«

»Ein Diktator?«, erwiderte ich mit einem Lachen.

»Nah dran, aber nicht ins Schwarze getroffen, Schwesterchen. Aber mir gefällt dein Humor. Was wirklich vorhanden sein muss, damit eine Familienkultur sich zu etwas Lebendigem und Großartigem entwickeln kann, ist Führungskompetenz.«

»Führungskompetenz? Ich hätte nie gedacht, dass Führungskompetenz in einer Familie oder generell zu Hause eine Rolle spielen könnte.«

»Wie ist BraveLife.com so ein Riesenerfolg geworden?«, wollte Julian wissen. »Ich meine, ich habe dein Konterfei auf dem Titelblatt einer Hightech-Zeitschrift in Neu Delhi gesehen!«

»Ich nehme an, vor allem aufgrund des guten Managements.«

»Nein, das kam durch großartige Führungskompetenz, Catherine. Und damit meine ich nicht nur dich und deine Partner und die übrige Führungsriege. Ich denke, dass *jeder* in der Firma für deren Erfolg verantwortlich zeichnet. Jeder Einzelne hat sich engagiert und für deine Vision stark gemacht. Und auf diese Weise hat deine Firma diesen finanziellen Höhenflug geschafft. Das Gleiche gilt für zu Hause. Bringe deine Führungskompetenz in deine Familie ein und inspiriere alle, einen Beitrag zur Familienkultur zu leisten. Entwirf eine tolle Zukunftsvision für deine Familie und teile sie mit Jon und den Kindern. Und zwar so, dass sie es aufregend finden und sich von Herzen darauf einlassen. Nur dann erreicht dein Familienleben sein volles Potenzial.«

»Das klingt irgendwie abseitig, Julian, selbst aus deinem Mund. Ich meine, Jon ist mit seiner Arbeit beschäftigt und die Kinder haben auch ständig etwas vor. Wie sollte ich sie dazu bringen, sich auf die Vision von der Idealfamilie einzulassen, wie ich sie mir wünsche? Und sag mir bitte, wie ich sie alle dazu kriegen soll, sich zu Hause wie Führungspersönlichkeiten zu verhalten?«

»Ganz einfach«, kam sogleich die Antwort. »*Du* musst zuerst Führungskompetenz an den Tag legen. Wie Gandhi sagte, musst du die Veränderung werden, die du in deinem Leben haben willst. Gib als Führungspersönlichkeit ein Beispiel ab, und ich verspreche dir, dass John und die Kinder es dir gleichtun werden.«

»Meinst du?«

»Ja. Wir leben in einer Welt, in der jeder möchte, dass der andere sich zuerst ändert. Wir geben der Regierung die Schuld an unseren Problemen. Wir geben unseren Chefs die Schuld an unserem Stress. Wir geben dem Verkehr die Schuld an unserer Misere. Aber anderen die Schuld zu geben ist nur eine bequeme Ausrede. Anderen für alles die Schuld in die Schuhe zu schieben ist eine praktische Möglichkeit, sich durch das Leben zu lavieren, ohne Mut an den Tag zu legen und den eigenen Schwächen ins Auge zu blicken. Es ist eigentlich eine feige Art zu leben und zugleich eine gute Methode, als Mensch immer unfähiger zu werden. M. Scott Peck – der Autor von *The Road Less Traveled* – formulierte es einmal so: ›Immer wenn wir die Verantwortung für unser Verhalten nicht auf uns nehmen wollen, versuchen wir diese Verantwortung einem anderen Menschen, einer Organisation oder einer Entität zuzuweisen. Das bedeutet jedoch, dass wir unsere Macht und Kraft dieser Entität übertragen.‹«

Julians Stimme wurde immer lauter und ich sah, wie intensiv seine Überzeugungen aus ihm heraussprudelten. Wir gingen in eines der Konferenzzimmer, während er mit seiner temperamentvollen Lektion fortfuhr. »Was ich wirklich sagen wollte, Catherine, ist Folgendes: Wenn du Schuld und Verantwortung auf andere schiebst, dann sagst du eigentlich, dass du unfähig bist, das Problem selbst in den Griff zu bekommen. Und du sagst auch, dass dir keine andere Wahl bleibt und du auch nicht in der Lage bist, das Endergebnis zu beeinflussen. Indem du anderen die Schuld zuweist, gibst du letztlich deine ganze Macht her, wie Peck meint. Dann sagst du nämlich: ›Ich kann nichts verbessern, das können nur die anderen.‹ Eigentlich heißt das dann: ›Ich kann meine Lebensumstände nicht beeinflussen, das können nur andere.‹ Und dieses toxische Denken kann einen immer weiter abwärts befördern, sodass es zu gar nichts führt.«

»So habe ich das noch nie gesehen. Ich habe kürzlich gelesen, dass Winston Churchill immer sagte, ›der Preis der Größe sei die Verantwortung‹. Jetzt weiß ich, was er damit genau gemeint hat.«

»Schau, Catherine, was uns letztendlich als Menschen auszeichnet, ist die Kraft jedes Einzelnen, um auf eine bestimmte Situation auf eine gewisse Weise zu reagieren. Der eine verliert sein Geschäft und betrachtet das als eine großartige Lektion, die das Leben ihm erteilt. Er wird dadurch klüger und ist besser gerüstet, ein sogar noch größeres Unternehmen aufzubauen. Ein anderer, der weniger bewusst lebt, dreht wegen eines kleinen Verkehrsstaus durch und wird zum Rowdy. Egal wer einer ist und woher er kommt, ein jeder hat die Macht zu entscheiden, wie er auf bestimmte Ereignisse in seinem Leben reagiert. Diese Fähigkeit zu interpretieren, was uns widerfährt, ist die vortrefflichste Gabe, über die wir als Mensch verfügen. Erwarte also nicht, dass andere sich ändern, damit deine Lebensumstände besser werden. Schreite einfach auf dem Weg der Tugend voran. Du nimmst die notwendigen Änderungen vor. Ich verspreche dir, dass die übrige Familie es dir schließlich gleichtun wird.«

»Nun gut«, sagte ich bemüht, all das Wissen, das Julian mir offenbarte, zu verarbeiten, wobei ich mich in meinem Ledersessel zurücklehnte. »Dann muss ich also, um zu Hause ein Gemeinschaftsgefühl zu entwickeln, Führungskompetenz an den Tag legen?«

»Genau«, antwortete Julian und sah in dem hypermodernen Konferenzzimmer so deplatziert aus wie eine Tulpe unter Pilzen; er zupfte die Ärmel seines wunderschönen Mönchsgewands zurecht.

»Bevor ich erwarte, dass andere sich ändern, muss ich mich selbst ändern. Anstatt die Kinder anzubrüllen, höflicher zu sein, sollte ich vielleicht höflicher mit ihnen umgehen. Anstatt ihnen zu sagen, dass sie ihr Zimmer aufräumen sollen, sollte ich vielleicht mein Büro zu Hause in Ordnung bringen. Und anstatt auf Jon einzureden, er solle etwas tun, damit unser Privatleben amüsanter und leidenschaftlicher wird, sollte lieber ich die Initiative ergreifen. Ich sollte als ›Katalysator für eine Veränderung unserer Familienkultur fungieren‹, wie du es formuliert hast.«

»Ja«, lautete Julians einsilbige Antwort. »*Die beste Möglichkeit, seine Kinder zu ermuntern, zu den von dir erwünschten Er-*

wachsenen zu werden, ist, selbst die Erwachsene zu werden, die sie einmal sein sollen. Alle Kinder, vor allem wenn sie so klein sind wie Porter und Sarita, glauben, dass ihre Eltern richtig handeln. Du bringst ihnen durch deine Art bei, wie sie es machen sollen. Deine negativen Verhaltensschemata gehen unwillkürlich auf sie über. Bedenke stets, dass deine Kinder jede deiner Bewegungen beobachten. Und wenn du meinst, diese kleinen Äuglein würden nicht grundlegend von jedem deiner Worte und jeder deiner Taten beeinflusst, dann machst du dir selbst etwas vor. *Bedenke, Catherine, nach der gemeinsamen Zeit ist es das zweite Geschenk für deine Kinder, ein gutes Beispiel abzugeben.*«

»Diese Einsicht ist wunderbar, Julian.«

»Weißt du, ich habe neulich einen Bericht gelesen, den ich absolut beängstigend fand.«

»Was stand da drin?«

»Dass das Durchschnittskind in Nordamerika etwa fünf Stunden am Tag Fernsehen schaut und nur fünf Minuten Zeit mit den Eltern verbringt. Zu viele Eltern überlassen die Verantwortung der Kindererziehung den Programmdirektoren der Fernsehsender. Und für mich ist das ein Verbrechen.«

»Was kann ich tun, um in der Familie Führungskompetenz an den Tag zu legen und zu Hause wirklich eine Führungspersönlichkeit zu sein und auch das Gemeinschaftsgefühl aufzubauen, nach dem wir alle uns dir zufolge in dieser seltsamen Welt so sehnen?«

»Zuerst einmal kannst du deine Augen aufmachen.«

»Was soll das heißen?«

»Helen Keller formulierte das vortrefflich: ›Der armseligste Mensch auf Erden sieht, ohne eine Vision zu haben.‹ *Zu viele Eltern leben von einem Tag zum anderen ohne jegliche Zielrichtung. Anstatt ein Leben aufgrund eigener Wahl zu führen, leben sie durch Zufälle in der Hoffnung, dass sich irgendwie schon alles regeln wird.* Aber das Leben ist nicht so. Sein Leben aufgrund von Zufällen zu führen und zu beten, dass alles seinen rechten Gang gehen möge und die Kinder nach Fremdvorgaben gut geraten, ist etwa so klug, wie mit dem eigenen Leben russisches Roulette zu spielen.«

»Der Gedanke macht mir Angst«, stellte ich fest, wobei ich immer noch an Julians Lippen hing.

»Und ich sage dir eines, Catherine: Wenn du tagtäglich immer das Gleiche machst, dann bekommst du auch jeden Tag das gleiche Ergebnis.«

»Jemand hat einmal gesagt, die Definition von Geisteskrankheit sei, jeden Tag das Gleiche zu tun und dennoch mit einem anderen Ergebnis zu rechnen.«

»Stimmt. Also mach mit bei dem Spiel und steuere das Boot deines Familienlebens. Nietzsche brachte es einmal gut auf den Punkt. Er meinte, dass der Mensch aufhören müsse, seine Existenz gedankenlos dem Zufall zu überlassen.«

»Nicht schlecht.«

»Ja, wirklich gut, was er uns da vermittelt. Wenn du wissen willst, wie dein Leben in fünf Jahren aussieht, musst du bloß dafür sorgen, dass du keine deiner Angewohnheiten, deine Denkschemata oder deine grundlegenden Überzeugungen änderst. Dann wirst du feststellen, dass du in fünf Jahren so ziemlich das gleiche Leben wie heute führst.«

»Das klingt mir gar nicht gut«, erwiderte ich offen und ehrlich. »Ich habe viel größere Träume, was die Zukunft unserer Familie angeht. Ich möchte mit meinen Kindern mehr Spaß haben. Ich möchte, dass sie stärker, klüger und unabhängiger werden. Ich möchte, dass Jon und ich wieder eine engere und liebevollere Beziehung führen. Und ich träume davon, dass unser Zuhause ein besonderer Hort der Wärme, des Wachstums und der Freude wird, der uns allen ein Refugium vor der rauen Welt, in der wir heute leben, bietet.«

»Nun, Catherine, dazu solltest du eines einsehen: Wenn sich dein Familienleben verbessern soll, dann muss sich zuerst deine Sichtweise der Welt verbessern. Schaffe eine überzeugende Vision auf dem Bildschirm deiner Vorstellungskraft, wie deine Familienkultur einmal aussehen soll. Und dann gilt es, dieses Ideal in deinem Verstand zu klären, damit es anschaulich und präzise wird. Und schließlich solltest du es noch zu Papier bringen.«

»Warum denn das?«

»Wenn du die Zukunftsvision deiner Familie zu Papier bringst, dann ist das wie ein Vertrag.«

»Wirklich?«, meinte ich nur.

»Selbstverständlich«, antwortete mein Bruder. »Das ist dann wie ein Gelübde oder ein verbindlicher Vertrag, den du mit dir selbst schließt. Deine Überzeugungen im Leben sind wie Abkommen mit dir selbst, was deine Lebensumstände angeht. Manche Leute halten sich für zu beschäftigt, um ihre Kinder mehrmals am Tag zu umarmen und ihnen so ihre Liebe zu zeigen. Verhalten sie sich so, haben sie mit sich selbst ein Abkommen geschlossen, das diese ›Tatsache‹ rechtfertigt. Manche Menschen glauben, dass sie aufgrund ihrer schwierigen Vergangenheit nie ein tolles Leben führen können. Ist das der Fall, haben sie ein Abkommen mit sich geschlossen und finden sich dann damit ab, gemäß dieser ›Tatsache‹ zu leben. Die Abkommen, die du mit dir selbst schließt, Catherine, beeinflussen dich enorm.«

»So habe ich über unsere Überzeugungen noch nie nachgedacht, Julian.«

»Also ich sage dir jetzt, was du tun sollst. Du weißt, wie dein Familienleben aussehen soll, und du hast beschlossen, alles Notwendige dafür zu tun.«

»Richtig.«

»Dann schaffe jetzt ein Abkommen deiner Familienvision, das dir als tagtägliche Richtlinie dient, damit du fortan klüger entscheidest, wie du deine Tage verbringen und deine Zeit nutzen willst. Es fungiert als Absichtserklärung, damit du dich auf *das, was wirklich zählt,* konzentrieren kannst.«

»Indem ich mir also so ein Abkommen meiner Familienvision schaffe und es schriftlich festhalte, höre ich auf, durch den Zufall, sondern auf der Basis meiner eigenen Wahl zu leben?«, fragte ich ehrlich fasziniert von der Strategie, die Julian mir da offenbarte.

»Ja. Dann hast du dein Schicksal schließlich selbst in der Hand. Dein Abkommen einer Familienvision dient dir als Leuchtfeuer – es weist dir immer den Weg ›nach Hause‹, zum Hort der Liebe und des Friedens –, egal wie rau die See auch sein mag. Dieses Abkommen gibt dir Hoffnung und das überwältigende Gefühl einer vielversprechenden Zukunft. Und es schützt dich und deine Familie.«

»Es schützt uns?«

»Ja. Wenn du genau weißt, wie du dir die Zukunft deiner Familie wünschst, bist du vor negativen Einflüssen gefeit, die sich in dein Leben stehlen wollen. Wenn deine Gedanken kristallklar sind und du dich der Zukunftsvision deiner Familie verpflichtest, dann sind andere Meinungen bedeutungslos. Die hypnotische Anziehungskraft der Fernsehwerbung, die diktiert, wie die Idealfamilie auszusehen hat, wirkt nicht mehr auf dich. Der Druck, mit den Nachbarn und Kollegen gleichzuziehen, löst sich in Wohlgefallen auf. Du und deine Familie – ihr werdet *unabhängig*. Und somit wirst du dein Familienleben erheblich klüger und weiser führen.«

»Es wäre wirklich schön, wenn die Kinder unabhängig wären, Julian. Meiner Erfahrung nach ist unabhängiges Denken der Schlüssel zu beruflichem Erfolg. Colin Baden, der Design-Guru von Oakley Sunglasses, wurde kürzlich in der Zeitschrift *Fast Company* zitiert –«

»Diese Zeitschrift finde ich super«, warf Julian ein.

»Du liest *Fast Company*?«, fragte ich überrascht.

»Ich habe dir doch gesagt, wie wissensdurstig ich bin. Die Zeitschrift ist wirklich interessant.«

»Nun, wie dem auch sei«, fuhr ich fort, »man hat also diesen Manager so zitiert: ›Wenn Sie etwas tun, weil man es immer so macht, dann machen Sie es vielleicht falsch.‹ Das hat mir sehr gefallen, weil es den Kernpunkt trifft, weshalb wir unabhängig denken müssen, wenn wir es heutzutage im Geschäftsleben zu etwas bringen wollen.«

»Und im heutigen Leben überhaupt. Nur Mut also, schaff dir ein Abkommen deiner Familienvision, damit du allmählich alles nach deiner Façon machen kannst, wie dein Herz es dir …«

»Und Jons Herz«, warf ich schnell ein.

»Und Jons Herz«, korrigierte sich Julian, »dir sagt, dass es ethisch richtig ist. Und dieser Vision von deinem künftigen Familienleben eine konkrete Form zu verleihen ist auch eine der besten mir bekannten Möglichkeiten, um sich deiner Familie engagierter zu widmen.«

»Warum das?«

»Weil ich festgestellt habe, *dass man sich für das, was man zu Papier bringt, im Leben auch engagiert.*«

»Da stimme ich dir zu«, antwortete ich aufgeregt. »Eines meiner beruflichen Erfolgsgeheimnisse war, dass ich mir immer absolut im Klaren sein wollte, welche Resultate ich anstrebte. Ich habe meine beruflichen Ziele alle drei Monate schriftlich festgehalten und sie dann fast täglich gelesen, um mich auf sie zu konzentrieren und jede Gelegenheit beim Schopf zu packen, die mir sonst womöglich entgangen wäre.«

»Schön gesagt, Catherine. Mach es mit deinem Familienleben genauso. Ich schlage vor, dass du das Abkommen deiner Familienvision zur Hand nimmst, es genau studierst und dann festsetzt, was dir am wichtigsten ist. Daraufhin definierst du deine Ziele, wobei du jede Priorität mit einer Deadline versiehst.«

»So strategisch vorzugehen hat uns bei BraveLife.com richtig erfolgreich gemacht.«

»Und diese strategische Methode wird dich jetzt in deinem Privatleben noch erfolgreicher machen. Ich verstehe nicht, wie Leute peinlichst genau ihre Karriere planen können, aber ihr Familienleben überhaupt nicht planen.«

Julian hielt inne und spielte nachdenklich mit einem Messinguntersetzer auf dem Tisch. Er schaute ein paar Sekunden nach unten, dann griff er den Faden wieder auf: »Große Führungspersönlichkeiten überlegen mehr als andere, Catherine. Sie nehmen sich Zeit, um sich hin und wieder zurückzuziehen und nachzudenken. Einstein hat das so gemacht. Hast du das gewusst?«

»Das wusste ich nicht«, gestand ich.

»Ja, ich habe gelesen, dass er einen speziellen ›Denksessel‹ an einem ruhigen Ort hatte. Dorthin zog er sich zurück. Und sobald er darauf Platz genommen hatte, tat er nichts als nachdenken.«

»Unser bester Verkäufer hält das auch so«, sagte ich. »Er macht sich so alle zwei, drei Wochen davon, um ›zu verschwinden‹, wie er das nennt. Er lässt seinen Terminkalender und sein Handy im Büro und entwischt irgendwohin, wo ihn keiner erreichen kann. Er nimmt nur einen Notizblock und einen Bleistift mit. Und dann denkt er den ganzen Tag nach.«

»Da bin ich aber beeindruckt«, erwiderte Julian und nickte lächelnd mit dem Kopf. »Ich glaube, der Typ gefällt mir.«

»Wir dachten alle, er sei verrückt. Bis wir dann die Ergebnisse gesehen haben. Seine Verkaufszahlen waren fünfmal so hoch wie die seiner Konkurrenten. Fünfmal so hoch! Deshalb bat ich ihn eines Tages, sich mit mir zusammenzusetzen und mir diesen Vorgang zu erklären. Er sagte mir, dass er an seinem selbsternannten ›Strategietag‹ über seine Zukunft nachdächte – wie er sie sich erträumte. Er schrieb sich alles auf, damit ihm seine Gedanken klarer wurden.«

»Siehst du, *vor der Meisterschaft kommt die geistige Klarheit*«, warf Julian vergnügt ein.

»Nun, in diesem Fall mit Sicherheit«, griff ich den Faden wieder auf. »Der Mitarbeiter erklärte mir, je mehr Zeit er allein verbringe und über seine Lebensziele nachdächte und definiere, desto mehr Ideen liefere ihm seine Phantasie. Und dieses Brainstorming schreibt er mit seinem Bleistift nieder. So konzentrierte sein Bewusstsein sich auf seine höchsten Prioritäten. Er träumt, bedenkt und spricht von kaum etwas anderem. Er versieht diese Ziele dann mit klar definierten, praktischen Schritten und fügt Termine hinzu, bis wann er sie erreicht haben will. Er sagte mir, dass ihn diese Tage mit unglaublich großer Hoffnung und Energie erfüllten. Und mit dieser erneuerten Perspektive geht er dann ins Büro, um uns alle wieder einmal zu verblüffen.«

Plötzlich tat Julian etwas Erstaunliches. Er sprang auf den glänzenden Konferenztisch und fing an zu tanzen, zuerst verhalten und dann wild, wie in einer Art Trance.

»Julian! Was machst du denn da? Hast du den Verstand verloren? Bitte, hör jetzt sofort damit auf. Da kriege ich es ja mit der Angst zu tun. Bitte, lass das!«, bat ich ihn, denn was ich sah, schockierte mich.

»Keine Sorge, Schwesterherz«, antwortete Julian im Stil eines dieser millionenschweren Rap-Stars, die sich heute in den Charts tummeln. »Ich amüsiere mich nur ein bisschen.«

»Also wirklich, Julian, du befindest dich in einem Milliardenunternehmen. Da solltest du dich ein bisschen zügeln.«

»›Wir sollten jeden Tag unseres Lebens bewusst gestalten, und bei aller Ordnung und Disziplin auch mal albern und verspielt sein‹«, lautete seine rätselhafte Antwort.

»Was?«

»So hat May Sarton es ausgedrückt. Und daran halte ich mich. Ich lebe diszipliniert und moralisch, aber ich schaffe mir meine Freiräume für Spaß. Also komm rauf hier und tanz ein bisschen mit mir. Ich will dir etwas klarmachen.«

Ich dachte kurz nach. Mein Bruder mochte sich exzentrisch verhalten. Aber ich zweifelte nicht mehr daran, dass Julians aus den Bergen bezogene Weisheit ihm Einsichten vermittelt hatte, die auch mein Leben verändern konnten, sofern ich mutig genug war, sie mir anzueignen. Julian hatte es auf verblüffende Weise geschafft, mir die nötigen Lektionen zu erteilen, um weiterzukommen. Und außerdem würde letztendlich ich leiden und nicht er, falls ich nicht auf ihn hörte.

»Na schön. Du hast gewonnen«, sagte ich und kletterte widerwillig zu ihm auf den Konferenztisch – wobei ich meine Schuhe anbehielt.

»Und jetzt tanz!« Julian lachte. »Lass das Kind in dir raus. Es bettelt schon, spielen zu dürfen. Das wird deiner Seele guttun.«

Ich bewegte meine Füße ein bisschen hin und her, war aber zu verlegen, um aus mir herauszugehen.

»Tanz, sonst fange ich an zu singen, Catherine«, drohte mir Julian mit dem Schalk in den Augen.

»Also schön«, erwiderte ich und begann mit den Händen in der Luft herumzuwedeln und John Travolta in *Saturday Night Fever* nachzuahmen – und ich fühlte mich gut dabei. »He, das macht ja echt Spaß, Julian«, fügte ich hinzu und wiegte mich hin und her.

»Ich weiß. Hab immer Zeit für ein Tänzchen, Schwesterherz!«, brüllte er und stieß mit den gebräunten Fäusten in die Luft, wobei er mit beachtlichem athletischem Können herumwirbelte.

Genau in dem Moment spazierte mein Vizepräsident am Konferenzzimmer vorbei. Ein paar Sekunden später kam er wieder, die Augen gingen ihm schier über und er guckte leicht schockiert. Er starrte uns beide auf dem Tisch an. Ich hielt sofort inne. Julian hingegen führte seinen wilden Tanz entzückt fort. Ich glaube, er genoss es, erwischt worden zu sein. Mein Kollege stand wie angewurzelt da und beobachtete die seltsame Szene durch die Glaswand zwischen uns. Dann fing er an zu lachen. Er steckte den Kopf ins Konferenzzimmer.

»Ich freue mich zu sehen, dass Sie wieder wohlauf sind, Catherine. Bei Gelegenheit sollten Sie diese neue Managementidee der Führungsriege mitteilen«, witzelte er.

»Ja, das mache ich bestimmt, Les, versprochen«, antwortete ich und war froh, dass er mein seltsames Verhalten überging.

Nachdem der Vizepräsident wieder weg war, sah ich Julian an.

»Julian, was soll das? Ich mache mich so zum Gespött der ganzen Firma.«

»Na schön, Catherine. Ich wollte mich bloß mit dir amüsieren. Aber zurück zu dem, was ich dir beibringen wollte. Der Punkt ist: Wenn du auf dem Tisch hier stehst, gewinnst du eine neue Perspektive. So siehst du die Dinge von einer höheren Warte. Erinnerst du dich an die Astronauten und die Mondlandung?«

»Natürlich.«

»Nun, als sie zurückgekommen sind, erwähnten sie mehrmals, wie sie von da oben mit dem Blick auf die Erde eine völlig neue Perspektive der Welt gewannen. Und was noch wichtiger ist, sie sagten, dass diese höhere Warte ihnen ein besseres Verständnis für das Leben auf unserer Erde vermittelt habe.«

»Dann kann ich also hier auf dem Tisch die Welt besser erkennen?«, fragte ich, ein bisschen verwirrt über Julians Erklärung.

»Das führt uns wieder zum Abkommen der Familienvision zurück, über das wir gerade geredet haben. So wie du hier auf dem Konferenztisch einen umfassenderen Blick auf deine Büros bekommst, gestattet es dir dieses Abkommen, dein Leben aus einer breiteren Perspektive zu sehen. Du bist dann stets in der Lage, das Gesamtbild zu erkennen, anstatt dich von banalen Ablenkungen absorbieren zu lassen, die dein Lebensglück und deine Freude am Geschenk des Daseins beschränken. Du siehst die kleine Gemeinschaft deiner geliebten Familie dann immer aus der Vogelperspektive. Du verbringst deine Tage nicht mehr damit, Nebensächlichkeiten wichtig zu nehmen. Stattdessen kannst du deine Zeit auf das *lebenswichtig Wenige* konzentrieren.«

»Das lebenswichtig Wenige?«, fragte ich; ich hatte den Begriff noch nie gehört.

»Ja, das lebenswichtig Wenige. Wenn du eine gute Führungspersönlichkeit in deiner Firma, und – noch wichtiger – zu Hause bist, bedeutet das, dass du dich auf das lebenswichtig Wenige konzentrieren musst und nicht auf das banale Viele. Die meisten Menschen verbringen die besten Jahre ihres Lebens mit Aktivitäten, die sie ihrem Idealleben kein Stück näherbringen. Sie schauen zu viel Fernsehen, denken ständig darüber nach, was ihnen an ihrem Leben nicht passt – wobei sie das Positive aus den Augen verlieren –, plappern am Telefon und mäkeln an ihren Kindern herum. Das Abkommen der Familienvision hilft dir, dich auf die wenigen sinnvollen Aktivitäten zu konzentrieren, die dir die positivsten Ergebnisse in deinem Leben bringen und dich genau das erreichen lassen, was du dir erträumt hattest.«

Julian stieg vom Tisch herunter und lehnte sich an die Wand. Er machte eine dramatische Pause.

»Das Abkommen deiner Familienvision und deine familiären Ziele aufzuschreiben, leistet genau das: Du wirst Chancen sehen, um eine bessere Familie aufzubauen, die dir andernfalls entgangen wären, da du ja nicht nach ihnen gestrebt hättest. *Schau, Catherine: Worauf du dich im Leben konzentrierst, das entwickelt sich, und worüber du nachdenkst, das expandiert. Und die Dinge, denen du deine Aufmerksamkeit schenkst, gewinnen an Bedeutung.«*

»Ich bin ganz deiner Meinung, dass das wächst, worauf man sich konzentriert. Wenn ich einen neuen Kunden habe und am nächsten Tag durch die Stadt fahre, dann sehe ich plötzlich überall etwas, das auf diesen Klienten hindeutet. Ich sehe zum Beispiel Lastwagen mit dem Firmenlogo auf der Autobahn an mir vorbeifahren, oder mir fällt eine Anzeige in der Zeitung auf, oder ich sehe den Hauptsitz der Firma auf dem Heimweg. All das war schon vorher da, es fällt mir aber erst auf, seit es ins Zentrum meiner Aufmerksamkeit gerückt ist. Und dann sehe ich dergleichen plötzlich überall.«

»Das ist eine wichtige Beobachtung und etwas, das wir wohl alle regelmäßig erleben. Sobald man seine Aufmerksamkeit auf etwas richtet, gelangt es ins Gewahrsein und weiter ins Bewusstsein. Deshalb sage ich ja immer, *dass das Gewahrsein vor der Veränderung kommt.* Bevor man in seinem Leben etwas ändern kann, muss man sich dessen gewahr sein und der Sache dann wirklich Aufmerksamkeit schenken. Man muss ein Bewusstsein dafür aufbauen. Man kann schließlich keine Schwäche ausmerzen, von der man nicht einmal weiß.«

»Dann soll das also heißen, dass das zu Papier gebrachte Abkommen meiner Familienvision zu einem wirklichen Vertrag wird. Den teile ich dann in spezielle Zielsetzungen auf und richte auf diese Punkte in meinem Leben mehr Aufmerksamkeit.«

»Ja.«

»Und soll das auch heißen, dass ich so alle Chancen für ein besseres Familienleben erkenne – Chancen die uns beschäftigten Eltern meist nicht auffallen, weil unsere Energie von all den kleinen Notfällen unseres Lebens absorbiert wird?«

»Genau. Da fällt mir ein Hollywood-Drehbuchautor ein, mit dem ich gern mal einen getrunken habe.«

»An den kann ich mich gut erinnern. Er hatte immer Cowboy-Stiefel an und ist nie irgendwohin gegangen ohne eine Flasche Mineralwasser in der Hand.«

»Genau der. Er hat mir einmal gesagt, das Geheimnis seines Erfolgs in Hollywood sei, *dass er immer das Ende zuerst geschrieben habe.* Er schuf also das perfekte Ende und arbeitete sich dann an den Anfang zurück.«

»Genial.«

»Finde ich auch. Und das schlage ich dir für dein Familienleben auch vor. Mach die Augen zu und stell dir das für dich schönste Happyend vor. Dann arbeite dich bis zum heutigen Tag zurück. Schau, das Abkommen deiner Familienvision ist eigentlich deine Lebensgeschichte – in Verbindung mit deiner Familie. Indem du es definierst und schriftlich festhältst, bist du zu klugen Entscheidungen fähig, wie du jeden Augenblick eines Tages verbringen willst. Und wenn eine Aktivität oder Verhaltensweise dich in deinem Drehbuch, wie du es dir vorstellst, nicht weiter in Richtung Happyend führt, dann triffst du eben eine andere.«

»Verstanden«, antwortete ich, nachdem mir die Tragweite dieses Konzepts klar geworden war. »Haben die Weisen von Sivana dich all dieses Wissen gelehrt?«

»Sie haben mir die Organisationsprinzipien für ein gutes Leben beigebracht. Sie haben mir erklärt, dass liebevolle Beziehungen die Grundlage für ein gutes Leben darstellen. Sie haben mich gelehrt, dass unsere Gedanken unsere Welt prägen und wir zuerst unser Denken verbessern müssen, wenn wir unser Leben optimieren wollen. Und sie haben mir noch so vieles mehr beigebracht. Mehrere Monate, nachdem ich ihr winziges Bergdorf im Himalaya verlassen hatte, dachte ich noch über all die Weisheiten nach, welche diese so außergewöhnlichen Menschen mir vermittelt hatten. Auf ihren Lehren aufbauend kam ich dann zu meinen eigenen Einsichten, was man für ein besseres Leben tun muss. Mir kamen Ideen in den Sinn, die mich sogar selbst erstaunten. Und diese Einsichten teile ich dir nun mit, meine liebe Schwester.«

»Schwesterherz«, sagte ich mit einem Zwinkern. Julian kicherte.

»Aber, Julian, was kann ich noch tun, um zu Hause wirklich Führungskompetenz zu zeigen und unseren Zusammenhalt zu fördern?«

»Mache dein Zuhause zu einem sicheren Hafen, zu einem Refugium«, lautete die einfache Antwort.

»Könntest du mir das erläutern?«

»In Sivana, hoch oben in den Bergen des Himalaya, lag den Weisen ihr Heim sehr am Herzen. Obwohl sie in der friedlichsten und heitersten Umgebung lebten, die ich je gesehen habe, waren ihre kleinen Hütten ein wahres Heiligtum für sie. Sie sorgten dafür, dass ihr kleines Zuhause immer sauber und voller Sonne war. Sie achteten darauf, dass ihr Heim immer gut gelüftet war und überall Blumen standen. Und sie scheuten keine Mühe, um in ihren privaten Räumen viel Zeit für stille Reflexion und Meditation zu haben, bei all der Zeit, die sie miteinander verbrachten, um zu philosophieren und sich auszutauschen. Ich will damit Folgendes sagen: In unserer lauten, hektischen Welt kann deine familiäre Führungskompetenz dafür sorgen, dass dein Zuhause für dich, Jon und die Kinder zu einem Refugium wird.«

»Und für dich auch, Julian. Wir freuen uns sehr, dass du jetzt bei uns wohnst. Obwohl du so jugendlich wirkst, spüren Porter und Sarita deine Weisheit und dein Alter. Sie sind total begeistert, dass du jetzt bei uns bist; für sie bist du der Großvater, den sie nie hatten.«

»Hm, vielen Dank«, erwiderte Julian.

»Es ist schon komisch – du hast einen so beruhigenden Einfluss auf sie. Jon und ich sagen ihnen immer, dass sie sich beeilen sollen, und du ermahnst sie immer, langsamer zu machen.«

»So sind Großeltern eben, nicht wahr? In unserer Kultur haben Familien stets die Älteren respektiert und sind ihnen zu Füßen gesessen, um die wichtigsten Lektionen im Leben zu lernen. Im Himalaya waren Großfamilien die Norm. Die

Weisen wären nie auf den Gedanken gekommen, irgendwo ohne ihre Eltern zu wohnen. Ihre Vorfahren waren ihnen eine ständige Quelle des Trostes, des Wissens und der Liebe.«

»Und ich schätze, davon profitierten die jungen Mönche am meisten.«

»Ja. Frag mal Lehrer in einer westlichen Schule, ob sie sagen können, welche ihrer Schüler von den Großeltern beeinflusst wurden; sie werden es bejahen. Diese Kinder sind ruhiger, ausgeglichener und haben mehr Vertrauen zu anderen. Außerdem sind sie auch unabhängiger und empathischer. Denk mal, wie es in unserer Familie war, Catherine, mit Oma und Opa Mantle. Sie haben mir stets das Gefühl gegeben, dass sich im Leben bestimmt alles zum Guten wendet.«

»Das stimmt, Julian. Sie fehlen mir wirklich sehr.«

»Mir auch. Ich bin ja so froh, dass die Kinder mich gern um sich haben. Ich liebe sie sehr. Ich freue mich so, wenn Porter auf meinen Knien sitzt und Sarita sich in meine Arme schmiegt und beide mich bitten, ihnen eine Geschichte von meinen Abenteuern in Indien zu erzählen. Und ich finde, dass sie mir ebenso viel beibringen wie ich ihnen. Die Weisen waren überzeugt, dass Kinder uns auf einer höheren Ebene die nötigen Lektionen lehren können. Bei Porter und Sarita ist das sicher der Fall. Sie erinnern mich, wie wichtig es ist, immer spielerisch, neugierig und einfühlsam zu bleiben. Da fallen mir diese Worte des alten Philosophen Heraklit ein: ›Wir sind uns selbst am nächsten, wenn wir die Ernsthaftigkeit eines spielenden Kindes erreichen.‹«

»Nicht dass du einen Stimmungsaufschwung nötig hättest. Du bist immer so positiv. Ich glaube, dass du dich in deiner neuen Haut wirklich wohlfühlst. Und ich könnte mich nicht mehr für dich freuen.«

»Danke. Helen Keller, eine Frau, die ich überaus bewundere, sagte einmal: ›Kein Pessimist hätte je das Geheimnis der Sterne entdeckt oder wäre je in unbekannte Gestade gesegelt oder hätte je dem menschlichen Geist einen neuen Himmel eröffnet.«

»Schöne Worte.«

»Ja, nicht wahr? Als ich noch Jurist war, lachte ich über Leute, die über positives Denken sprachen und Selbsthilfebücher lasen. Ich grinste und fühlte mich irgendwie überlegen, wenn ich jemanden sah, der mit einem Buch mit so seltsamen Titeln wie *MegaLiving!* oder *Who will Cry When You Die?* unter dem Arm zur U-Bahn hetzte. Warum sollte ein normaler Mensch Ratgeber lesen?, dachte ich damals immer. Aber heute denke ich anders. Jetzt verstehe ich aufgrund meiner Zeit bei den Weisen, dass es das Normalste und Klügste ist, an sich selbst zu arbeiten. Man nutzt seine Zeit am besten, wenn man seinen Verstand, Charakter und Geist weiterentwickelt, um wertvoller für diese Welt zu sein. Buddha drückte das vortrefflich aus: ›Zimmerleute bearbeiten Holz. Pfeilmacher bearbeiten Bogen. Und weise Menschen arbeiten an sich.‹«

»Als ich dir die Blumen ins Zimmer gestellt habe, die du haben wolltest, habe ich diese ganzen Zitate gesehen, die du an die Decke geheftet hast.«

»Ganz schön cool, oder?«, bemerkte Julian stolz. »Abends, wenn die Kinder im Bett sind, gehe ich in mein Zimmer hinauf, lege mich ins Bett und spreche jedes dieser Zitate laut vor mich hin. Das hilft mir, den zeitlosen Erfolgsprinzipien der Menschheit gemäß zu leben.«

»Mir hat besonders diese alte indische Weisheit gefallen: ›Es zeugt nicht von Vornehmheit, anderen überlegen zu sein. Wahre Vornehmheit ist, seinem früheren Selbst überlegen zu sein‹«, sagte ich nachdenklich.

»Überzeugende Worte, oder? Sie treffen genau ins Schwarze, wenn wir den Sinn des Lebens betrachten. Es geht nicht darum, einander auszustechen. Es geht darum, gegen sich selbst zu gewinnen, als Persönlichkeit jeden Tag zu wachsen und so zu einem wertvolleren Menschen zu werden.«

»Damit wir alle unsere Umgebung bereichern können.«

»Du hast es erfasst, Catherine«, stimmte Julian mir zu; er war offensichtlich über meine richtige Antwort erfreut. »Aber jetzt zurück zum Thema das eigene Heim zum Refugium machen.«

»Da bin ich gespannt.«

»Ich habe dir empfohlen, zuerst einmal viele gute Bücher anzuschaffen. Bringe Porter und Sarita bei, *dass sie lesen müssen, um später ein bestmögliches Leben zu führen*. Eines der größten Geschenke, die Eltern ihrem Kind machen können, ist, die Leidenschaft für gute Bücher, den Spaß am Lesen zu wecken. Sämtliche Antworten auf alle Fragen, die ein Kind in seinem Leben je stellen kann, sind in guten Büchern enthalten. Indem sie täglich lesen, können Porter und Sarita

Zeit mit den bedeutendsten Menschen verbringen, die je diese Welt geziert haben. Sie tauchen tief in den Verstand der klügsten Köpfe der Geschichte ein und erfahren ihre persönlichsten Einsichten. Ich empfehle dir, jeden Abend eine halbe Stunde lang mit deinen Kindern zu lesen; sie auf einen bestimmten Schriftsteller oder eine beeindruckende Lektüre gespannt zu machen, damit sie sich auf diese Zeit freuen. Ich verspreche dir, dass dieses simple abendliche Ritual sie positiv beeinflussen wird.«

»Welch eine wunderbare Idee, Julian. Ich hatte immer gemeint, sie würden das alles in der Schule lernen.«

»Die Schule kann nur ergänzen, was die Eltern ihren Kindern beibringen. In unserer hektischen Zeit können wir uns leicht zurücklehnen und hoffen, die Schule werde den Kindern schon all das beibringen, was wir sie selbst lehren würden, wenn wir nicht irgendwie all das schaffen müssten, was um unsere Aufmerksamkeit buhlt. Aber das ist der falsche Ansatz. Als Eltern Führungskompetenz zu zeigen bedeutet, immer nach unserem Gewissen zu leben, und zwar auch, wenn es manchmal nicht so einfach ist.«

»Kannst du das an einem Beispiel erklären?«, fragte ich fasziniert.

»Selbstverständlich. Nach einem langen Arbeitstag willst du vielleicht bloß noch auf dem Sofa sitzen und ein bisschen fernsehen. Aber sagen wir mal, Sarita möchte, dass du ihr etwas vorliest. Die einfachste Lösung wäre, sie zu verscheuchen und Jon zu bitten, mit ihr spazieren zu gehen. Richtig wäre hingegen, den Fernseher abzuschalten, ein Buch zur Hand zu nehmen und deiner Tochter etwas vorzulesen. Wenn du das machst, zeigst du deine Führungskompetenz zu Hause.«

»Stimmt«, pflichtete ich Julian bei.

»Ein anderes Beispiel wäre, offen und ehrlich mit Porter zu reden.«

»Wie meinst du das?«

»Offen und ehrlich zu reden bedeutet, mit dem Herzen zu sprechen. Zu viele Menschen auf dieser Welt sagen heute Dinge, von denen sie wissen, dass andere sie hören wollen. Sie benutzen ihre Worte, um andere zu manipulieren und zu kontrollieren, und nicht, um ihre wahren Gefühle auszudrücken und ein liebevolles Verständnis aufzubauen. Indem man nicht das ausdrückt, was man wirklich sagen will oder wie man wirklich empfindet, handelt man unaufrichtig. Nur wenn du die Wahrheit sagst – also was du wirklich fühlst, glaubst und weißt –, wirst du zu der Führungspersönlichkeit in deiner Familie, die du ja sein möchtest.«

»Alle Achtung«, war das Einzige, was ich herausbringen konnte.

»Aber wieder zurück zu unserem Beispiel. Zu oft im Leben laufen wir vor unseren Ängsten einfach davon. Weise, erleuchtete und weiterentwickelte Persönlichkeiten laufen dagegen auf ihre Ängste zu. Die meisten von uns gehen nicht gern auf Konfrontationskurs mit Leuten, die uns irgendwie etwas angetan haben. Jemand lässt uns im Stich oder behandelt uns schlecht, aber anstatt die Sache mutig wie ein reifer Mensch zur Sprache zu bringen, tun wir so, als sei nichts geschehen. Das Problem dabei ist, dass die Wunde schwärt.«

»Und sie raubt einem auch Energie«, fügte ich hinzu.

»Genau, Catherine. Und so summieren sich all die vielen kleinen Verletzungen zu einer enormen Bürde, die wir auf dem Weg des Lebens mit uns herumschleppen. Führungskompetenz an den Tag zu legen bedeutet, mit Vorfällen auf eine reife, rationale und aufrichtige Weise umzugehen, selbst wenn es einem noch so unangenehm ist, sich ihnen zu stellen. Also nehmen wir einmal an, dass Porter, wenn er ein bisschen größer ist – vielleicht als Teenager – etwas tut, das dir peinlich ist. Du hast jetzt die Wahl. Du kannst vor der Sache davonlaufen oder dich ihrer annehmen. Rennst du weg, wird die Wunde garantiert schlimmer. Nimmst du dich ihrer an, wird Porter sich seiner Handlungen bewusster und ihr versteht euch besser.«

»Dann bedeutet Führungskompetenz also, nicht den Weg des geringsten Widerstands zu gehen und sich für die anstrengende Tour zu entscheiden – egal wie unwohl ich mich dabei fühle.«

»Ja. Und ich will dir eines sagen: *Je härter du zu dir selbst bist, desto lockerer wird das Leben zu dir. Je strenger du zu dir bist, desto sanfter wird das Leben zu dir.*«

»Wie meinst du das?«

»Ich meine, wenn du strenger zu dir bist und all deine Schwächen in Zaum hältst und du die Disziplin hast zu tun, was richtig ist – und zwar immer –, dann wird dein Leben super. *Wenn du nicht den Weg des geringsten Widerstands gehst und stattdessen tust, was du von Herzen richtig findest, dann erfüllst du dir deinen Traum vom Familienleben.«*

»Wie ich es im Abkommen meiner Familienvision definiert habe?«

»Genau, Catherine. Genau.«

Mit einer ausholenden Geste fasste Julian nach der Kapuze seines Gewands und zog sie sich über den Kopf. Er sah aus dem Fenster und betrachtete den Horizont: Ein Wolkenkratzer ragte neben dem anderen auf und in allen wohnten Tausende von Menschen, die mit den gleichen Problemen zu kämpfen hatten wie ich.

»Ich muss los, Catherine. Ich habe eine Verabredung.«

»Darf ich fragen, mit wem?«, platzte ich neugierig heraus.

»Ich treffe mich mit einem Experten. Er arbeitet für mich an einem bestimmten Projekt. Ich erzähle dir davon, wenn der richtige Zeitpunkt gekommen ist.« Mehr ließ Julian nicht verlauten. »Aber lass mich diese Lektion noch zu Ende bringen, bevor ich gehe. Ich meine Folgendes: Übernimm die Verantwortung für die moralische Entwicklung deiner Kinder. Erwarte nicht, dass die Schule alles leistet. Das ist den Kindern und der Schule gegenüber nicht fair. Und vermittle Porter und Sarita die Liebe zur Literatur. Henry David Thoreau sprach in seinem Klassiker *Walden – ein Leben mit der Natur* von ›heroischen Büchern‹, Werken, die ihm zufolge die edelsten Gedanken der Menschheit enthielten.«

»Aber Sarita kann noch nicht lesen und Porter fängt gerade mit Büchern wie *Arthur* und *Curious George* an. Macht es denn überhaupt Sinn, zu Hause jede Menge tolle Biografien und kluge Werke von Philosophen zu stapeln, wenn er sie gar nicht lesen kann?«

»Er kann sie vielleicht noch nicht allein für sich lesen, aber du kannst ihm ja daraus vorlesen. Wenn du deine Kinder ernstlich ermutigen willst, ein großartiges Leben zu führen, solltest du ihnen das Beispiel von großen Menschen vergangener Zeiten vor Augen führen. Wie ich ja schon erwähnte, übt wenig auf Kinder solchen Einfluss aus wie ein gutes Vorbild. Wenn du möchtest, dass deine Kinder gerne lernen, schalte den Fernseher ab und lies selbst am Abend eine Stunde. Wenn du möchtest, dass deine Kinder nur nach dem Besten streben, dann solltest du genauso handeln. Indem du zu Hause jede Menge gute Bücher hast und dir auch die Zeit nimmst, sie zu lesen – selbst wenn es nur eine Viertelstunde am Tag ist –, vermittelst du deinen Kindern die bedeutende Botschaft, *dass Lesen wichtig ist*. Außerdem kann ich mir kein besseres Vermächtnis für deine wundervollen Kinder vorstellen als eine Bibliothek mit den Gedanken der klügsten Menschen der Welt. Wie ich Porter und Sarita kenne, werden sie es dir ewig danken.«

»Das ist eine tolle Idee, Julian. Eine Bibliothek mit den bedeutendsten Büchern als Geschenk an meine Kinder aufzubauen.«

»Das wäre herrlich, Catherine. Egal wo du bist, halte immer Ausschau nach einem besonderen Buch für ihre Sammlung. Lies abends laut aus diesen Büchern vor. Du meinst ja vielleicht, dass deine Kinder sie noch nicht verstehen, aber die darin enthaltene Weisheit geht tief in ihr Denken ein. Und die Saat, die du in ihrem Charakter anlegst, wird später aufgehen, da sie als gebildete Erwachsene immer richtig handeln«, merkte Julian poetisch an.

»Als wir BraveLife.com ins Leben riefen, engagierten wir ein paar Consultants, die uns beibrachten, wie man in der Arbeit eine Lernkultur schafft. Sie sagten uns, um produktive und kreative Angestellte zu gewinnen, müssten wir als Führungspersönlichkeiten dieser Firma ein Umfeld schaffen, in dem die Leute gern lernen.«

»Guter Punkt. Wir leben heute in einer Welt, in der Ideen der Grundstoff für Erfolg sind. In der alten Wirtschaft definierte sich Wert durch Äußerlichkeiten – wie viele Büros einer besaß und wie viele Angestellte jemand hatte. In der New Economy definiert sich der Erfolg einer Firma durch gute Einfälle und Überzeugungen, durch die Qualität der Ideen deiner Leute. Der Geistesblitz eines klugen Kopfes kann die Welt verändern. Und wenn du mir nicht glaubst, dann denk nur an Bill Gates oder Steve Jobs, um nur zwei Beispiele aus deiner Hightech-Branche anzuführen. Ihre Ideen rund um Computer haben unseren Lebensstil verändert. Eine Idee, mit aller Macht und ständigem Engagement in die Tat umgesetzt, kann wirklich die Welt verändern.«

»Und das gilt nicht nur für das Geschäftsleben«, fügte ich hinzu. »Nelson Mandela hat mit der simplen Idee angefangen, dass sein Volk es verdient habe, frei zu sein.«

»Und Mahatma Gandhi auch.«

»Amelia Earhart hatte einen simplen Einfall in Sachen Luftfahrt.«

»Auch ein gutes Beispiel«, bekräftigte Julian.

»Und Einsteins Ideen revolutionierten die Wissenschaft.«

»Richtig, Catherine. Die größten Führungspersönlichkeiten in dieser neuen modernen Welt werden die bedeutendsten Denker sein. Unsere Aufgabe als Eltern ist es deshalb, auf diese hoch dotierten Consultants zu hören, die du ins Spiel gebracht hast, und eine Lernkultur zu schaffen – und zwar nicht nur in deiner Firma, sondern auch zu Hause. Lernen soll Spaß machen. Mach dein Heim zu einem Spielplatz der Ideen, auf dem die Kinder wirklich liebend gerne lernen. Nach dem Vorbild von Curious George!«

»Nach dem Vorbild von Curious George?«, fragte ich erstaunt.

»Porter und Sarita gefällt Curious George doch, oder?«

»Er ist ihr Held«, antwortete ich.

»Nun, jedes Curious-George-Buch beginnt mit dem gleichen Satz. Weißt du noch?«

»Klar: ›George ist ein lieber kleiner Affe – und immer sehr neugierig!‹«

»Stimmt. Was ich dir sagen will, ist, dass es deine Aufgabe als Mutter ist, bei Porter und Sarita brennende Neugier zu wecken. Bringe ihnen bei, nach Wissen zu hungern und nach Klugheit zu dürsten. Leite sie an, Bücher, Musik und Ideen zu lieben. So können sie in einer Welt des grenzenlosen Wandels Erfolg haben.«

»Gibt es sonst noch etwas, das ich tun könnte, um unser Zuhause zu einem Refugium zu machen, nachdem ich eine – wie du es nennst – ›Lernkultur‹ für die Familie geschaffen habe?«

»Blumen«, lautete die Antwort. »Für 3,50 Euro kannst du in jedem Supermarkt einen Strauß Blumen kaufen, der einen Eine-Million-Euro-Effekt auf dein häusliches Ambiente hat.«

»Wirklich?«

»Dein Zuhause mit Blumen zu dekorieren, kann eine ruhige, friedvolle Atmosphäre schaffen. In Sivana hatten die Weisen zu Hause immer Unmengen Blumen; sie verehrten sie als Symbole des Guten im Leben. Blumen verleihen deinem Heim Farbe, sie gehören zu den kleinen Freuden des Lebens und lehren die Kinder, dass die Natur eine positive Kraft ist.«

»Da stimme ich dir zu, Julian. Seit ich wieder zu Hause bin, unternehme ich jede Woche Waldspaziergänge – dort, wo wir als Kinder gespielt haben. Inzwischen ziehe ich auch einfach mal den Fernsehstecker, wenn die Kinder davor sitzen, und nehme sie mit mir in den Wald, sooft es eben geht. Wir sammeln Blätter. Wir spielen Verstecken. Und wir lassen Steine über den Teich springen, in dem du früher im Adamskostüm gebadet hast.«

Julian quietschte vor Lachen. »Ich erinnere mich noch. Wir haben uns als Kinder prächtig amüsiert, nicht?«

»Allerdings. Aber du hast ja so recht. Die Zeit, die ich mit den Kindern in der freien Natur verbringe, ist etwas ganz Besonderes. Sie verbindet uns wirklich und lässt das Beste in unseren Herzen zutage treten. Und ich weiß, dass sie sich wundervoll auf ihre Kreativität auswirkt.«

»Tu einfach alles, was dir einfällt, um es euch zu Hause schön zu machen. Entwickle einen Sinn für alles Schöne.

Schau mal, was gut wirkt. Mit zunehmendem Bewusstsein – indem du etwa im ganzen Haus Blumen aufstellst – wirst du feststellen, dass dir noch mehr Schönes zu Hause auffällt – und in deinem Leben auch.«

»Der Verstand ist etwas Unglaubliches, nicht wahr, Julian?«

»Allerdings. Und die Weisen haben mir umfassend beigebracht, wie er funktioniert und wie wunderbar er ist.« Julian war gar nicht mehr aufzuhalten. »Wenn du aus deinem Zuhause ein Refugium machst, empfehle ich dir, ein weiteres Ritual der Weisen zu übernehmen und jedes Zimmer zu lüften.«

»Warum?«

»Das ist so ein alter Brauch im Osten, den ich bis heute noch nicht recht verstanden habe. Aber, Catherine, ich möchte, dass du deine Urteile wirklich nur aufgrund der Ergebnisse fällst. In meinem kleinen Zimmer sind die Fenster immer offen, und ich weiß, dass das einer der Gründe für mein hohes Energieniveau und meine hervorragende Gesundheit ist. Vielleicht nimmt unsere Vitalität ja in dem Maße zu, wie wir Sauerstoff in unsere Lunge lassen. Die Weisen sagten immer, dass ›anständig atmen, anständig leben‹ bedeute. In meinem Leben sorge ich dafür, dass ich täglich frische Luft einatme. Bei meinen Morgenspaziergängen atme ich bewusst, tief und vollständig. Diese einfache Disziplin erfüllt meinen Körper mit Vitalität und Energie. Was tun wir als Erstes nach unserer Geburt, Catherine?«

»Wir füllen unsere Lungen mit Luft.«

»Richtig. Denke also bitte daran, dass richtiges Atmen für das Leben von zentraler Bedeutung ist.«

»Ja, gut. Könnte ich noch mehr tun, um aus meinem Heim ein Refugium zu machen, in dem unser Familienleben aufblüht und das uns hilft, unsere erträumten Ziele umzusetzen?«

»Noch drei Vorschläge, bevor ich gehe: Lass zuerst einmal viel Sonnenlicht in dein Haus. Es erwärmt die Seele und schafft eine angenehme Atmosphäre. Schau dir meine Räume an. Ich habe zu dem Zweck ein Oberlicht, und so lachen mich die Sonnenstrahlen den ganzen Tag über an. Versuche zweitens, mit deiner Familie eine ruhige Zeit zu verbringen, vor allem, wenn Jon von der Arbeit und die Kinder aus Schule und Kindergarten zurück sind. Die meisten Eltern kümmern sich nicht um den Lärm in ihrem häuslichen Umfeld; und doch ist Ruhe einer der wichtigsten Faktoren für einen friedlichen Geist. *Deine Umgebung prägt dein Denken*. Wenn ständig der Fernseher läuft, die Videospiele flimmern und das Radio dröhnt, dann kann dein Heim nie eine Oase der Ruhe – ein Refugium – vor der Außenwelt sein. Um solch einen Ort zu schaffen, an dem die ganze Familie sich gern aufhält, solltest du für Ruhe sorgen.«

»So hört sich das richtig gut an«, sagte ich eifrig.

»Lehre deine Kinder, das Alleinsein zu schätzen. Wenn sie älter werden, zeig ihnen, dass nicht ständig das Radio laufen, der Computer surren und das Telefon läuten muss. Ermuntere sie, sich mit anderen zu unterhalten. Schlag ihnen vor, auch mal Briefe zu schreiben. Und inspiriere sie, herrliche Sonnenuntergänge zu genießen und von großen Dingen zu träumen.«

»Es wäre großartig, wenn die Kinder dergleichen zu schätzen wüssten«, antwortete ich wehmütig.

»Ein wunderbares Ritual für deine Familienkultur ist eine Mahlzeit, zu der ihr alle euch jeden Tag gemeinsam an den Tisch setzt, um eure Gemeinschaft zu pflegen. Früher gehörte das gemeinsame Essen in den meisten Familien zur Alltagsroutine. Aber leider geht dieser Brauch aufgrund der Zwänge unserer modernen Zeit zunehmend verloren. Ich würde dir empfehlen, während dieser Zeit nachzufragen, wie die anderen ihren Tag verbracht haben und was sie aus ihren Erlebnissen mitnehmen. Sprich über das Abkommen deiner Familienvision oder etwas anderes, das dir wichtig ist. Erzähle den anderen, was dich interessiert, oder eine nette Geschichte, die du vielleicht gehört hast. Der springende Punkt ist zu erkennen, dass es sich um eine günstige Gelegenheit handelt, miteinander in Kontakt zu treten. Ach, und sorge dafür, dass während des gemeinsamen Essens alle Telefone abgestellt sind, damit ihr nicht gestört werdet.«

»Dafür ist ein Anrufbeantworter ja wohl auch da, oder?«

»Allerdings.«

»Und doch scheinen wir alle immer sofort losrennen und telefonieren zu müssen, sobald es läutet, selbst wenn wir gerade mit den Kindern beschäftigt sind.«

Julian nickte. Ich spürte, dass er eigentlich gehen wollte, mir jedoch vorher noch möglichst viel Kluges sagen wollte.

Er griff den Faden wieder auf: »Das gemeinsame Essen als häusliche Strategie einzuführen ist deine Chance, zu Hause Führungskompetenz zu zeigen. *Und denk dran: Als Mutter bist du eine Managerin. Führungskompetenz ist nicht allein auf Manager in Firmen beschränkt. Ob du nun in einem Konferenzraum wie diesem hier arbeitest oder bei dir zu Hause als Vollzeitmutter – du bist stets eine Führungspersönlichkeit.*«

»Und der letzte Punkt?«

»*Vergiss nie, dass eine Familie, die zusammen spielt, auch eine Familie ist, die zusammenbleibt.* Veranstalte regelmäßig einen Spaßabend mit lustigen Filmen oder Aktivitäten, bei denen alle Spaß haben. Verlier nie deinen Sinn für Humor, Catherine. Und bringe deinen Kindern bei, wie wichtig es ist, mal so richtig zu lachen. Lachen ist das beste Band zwischen den Menschen und einer der klügsten und kürzesten Wege zu den anderen. Das Leben ist manchmal schwierig, aber bleib deiner Einstellung treu und plane regelmäßig Zeit zum gemeinsamen Lachen ein. Je mehr du lachst, desto besser erkennen Porter und Sarita, dass Erwachsensein eigentlich gar nicht so ernst ist. Hast du mal beobachtet, wie deine Kinder dich und Jon nachahmen?«

»Ja.«

»Da geben sie sich sehr ernst, oder?«

»Da hast du recht«, antwortete ich, und mir lief es bei der Erkenntnis kalt den Rücken hinunter.

»Lachen und kichern sie, wenn sie euch beide nachahmen?«

»Ganz und gar nicht«, antwortete ich ruhig.

»Das bestätigt das, was ich vorhin gesagt habe. Kinder können uns einiges lehren, besser als Erwachsene. Und vielleicht, meine liebe Schwester, besteht deine Lektion ja darin, ein bisschen heiterer zu werden.«

»Aber ich habe hier auf dem Tisch getanzt«, sagte ich lachend.

»Das schon«, erwiderte Julian und umarmte mich, um mir dann noch einen dicken Kuss auf die Stirn zu drücken. »Ich weiß, dass ihr alle ein prima Leben führen werdet und deine Kinder zu netten Teenagern und wunderbaren Erwachsenen heranwachsen werden. Du brauchst dir deshalb keine Sorgen zu machen. Nimm dir alles, was ich dir heute Morgen beigebracht habe, zu Herzen. Denke heute noch über meine Tipps nach und lass dir durch den Kopf gehen, wie du all das integrieren kannst, um eine reiche Familienkultur und eine wunderschöne Gemeinschaft daheim zu schaffen. Dann verwandelt sich dein Leben von etwas Gewöhnlichem zu etwas Außergewöhnlichem.«

Und mit diesen Worten drehte sich mein Bruder, der sagenhafte Julian Mantle, um und hastete davon. Ich blieb allein in dem Konferenzzimmer zurück, gewärmt von den Sonnenstrahlen dieses prachtvollen Nachmittags. Ich war so glücklich über das, was ich gerade erfahren hatte, dass ich plötzlich Lust bekam, auf dem Tisch zu tanzen.

Die zweite Meisterschaft einer Führungspersönlichkeit in der Familie

Die Führungskompetenz seines Kindes ausprägen, anstatt es auszuschimpfen

Gewöhnen Sie sich an, nicht zu Bett zu gehen, ohne sich sagen zu können: »Ich habe zumindest einen Menschen heute ein bisschen klüger, ein bisschen glücklicher oder ein bisschen besser gemacht.«

Charles Kingsley

Ich habe nicht genug geliebt. Ich war so beschäftigt, beschäftigt und noch einmal beschäftigt, mich auf das Leben vorzubereiten, dass das Leben an mir vorbeigezogen ist – ruhig und rasch wie eine Regatta.

Lorene Cary

Julians Idee der Familie als Organisation, die wie alle anderen Organisationen der Führung bedarf, verfehlte seine Wirkung bei mir nicht. In den Wochen nach unserem bemerkenswerten Gespräch in den Büros von BraveLife.com begann ich zu Hause einiges zu ändern. Jon und ich sahen uns nun als Leitfiguren und Katalysatoren der Veränderung. Wir erkannten, dass Julian recht hatte: *Eltern sind Führungspersönlichkeiten.* Wir mussten aufhören, in unserem Leben den Weg des geringsten Widerstands zu gehen und nun endlich tun, was richtig war. Wir zwei unternahmen lange Spaziergänge, während Julian mit Porter und Sarita spielte, und schmiedeten dabei das Abkommen unserer Familienvision, einen Vertrag, der unser Handeln bestimmen sollte, wie wir beide gelobten. Wir analysierten, inwiefern unser Leben ein gutes Beispiel für unsere Kinder abgab, und stellten eine lange Liste all der Dinge zusammen, die es zu verbessern galt.

Vor ein paar hundert Jahren schrieb Thomas Fuller: »Wer nicht seinen Überzeugungen gemäß handelt, hat keine Überzeugungen.« Für mich heißt das, dass man nicht wirklich an etwas glaubt, wenn man nicht nach den Werten lebt, an die zu glauben man vorgibt. Da kann man sagen, was man will: Etwas daherzureden ist keine Kunst, doch *Beweise lügen nie.* Man kann der Welt erzählen, die Familie stünde für einen an erster Stelle. Aber wenn man an den gemeinsamen Mahlzeiten wegen irgendwelcher Geschäftsessen nicht teilnimmt, beweist das, dass die Familie eben nicht den Vorrang hat. Man kann den positiven Einfluss des Lesens predigen und den Kindern gute Bücher anbieten, aber wer die meiste Zeit irgendwelchen Klamauk im Fernsehen ansieht, der glaubt eben doch nicht, dass das Lernen Priorität hat. Seit dem Flugzeugunglück zweifelte ich jedenfalls nicht mehr daran, dass meine Familie für mich den höchsten Stellenwert hatte. Jetzt musste ich diesen Wert auch leben.

* * *

Die erste Zeit nach dem Flugzeugabsturz, als Julian bei uns in dem kleinen Zimmer über der Garage wohnte, war wertvoll für mich. Jon und ich kamen uns jeden Tag näher. Je mehr wir diskutierten, wie sich unsere Familienkultur verbessern ließe und wir unser Heim zu einem Refugium machen könnten, desto mehr entfachten wir auch den Funken liebevoller Zuwendung, den wir beide schon verloren geglaubt hatten. Langsam konnte ich Jons Charakterstärke mehr würdigen und ihn einfach so akzeptieren, wie er war. Jon sagte mir, dass er mich für meinen Intellekt, meine Disziplin und meine neue Leidenschaft für das Leben schätzte. Wir verstanden uns mit der Zeit immer besser und respektierten einander einfach. Und wir liebten uns mehr als je zuvor.

Aber es war gar nicht immer so einfach, meine Beziehung zu Jon und den Kindern wieder aufzubauen. Ja, wir machten in relativ kurzer Zeit enorme Fortschritte, weil ich mit aller

Macht unser Familienleben verbessern wollte. Doch nach so vielen Jahren der Vernachlässigung von meiner Seite kam es natürlich unausweichlich zu schwierigen Situationen.

Jon war manchmal wegen meiner versäumten Familienzeit verbittert. Da er nicht gerade zu den redseligsten Menschen zählt, tarnte sich seine Frustration oft als Apathie. Er meinte dann, er interessiere sich nicht für ein gemeinsames Picknick und habe auch keine Lust, ein neues Gericht zu probieren, das ich gemeinsam mit ihm kochen wollte. Der große Mahatma Gandhi sagte einmal, dass »drei Viertel des Elends und der Missverständnisse auf dieser Welt verschwänden, wenn wir in die Fußstapfen unserer Gegner träten und deren Standpunkt einnähmen«. Auch wenn Jon eindeutig nicht mein Gegner war, half mir dieser Satz oft, wenn es mit ihm schwierig wurde. Ich fragte mich dann: Was empfindet Jon jetzt wohl und wie kann ich ihm weiterhelfen? Ich versuchte, sein Denken zu ergründen und alles aus seiner Perspektive zu sehen. Jeder betrachtet die Welt durch sein persönliches Buntglasfenster, wobei jede Farbe dieses Fensters eine Erfahrung, Haltung oder auch ein Vorurteil darstellt. Die Welt durch sein Fenster zu sehen half mir.

Mit der Zeit wurde mir klar, dass Jon nicht nur die gemeinsame Zeit brauchte. Er sehnte sich nach einem tieferen Verständnis. Er wollte geliebt werden und seiner Partnerin dieselbe tiefe Liebe schenken. Er stellte sich eine Frau vor, die mit ihm seine kleinen geschäftlichen Siege feierte und mit der er reden konnte, wenn nicht alles nach Plan lief. Er wollte mit seiner Partnerin lachen, eine Geliebte, von der er lernen konnte, und eine Frau, die zugleich seine beste Freundin war.

Ehrlich gesagt, spielten Porter und Sarita auch nicht immer mit. Sie freuten sich natürlich sehr, dass ich mir nun so viel Zeit für sie nahm und mein Büro nach Hause verlegt hatte. Sie waren begeistert, dass ich nicht mehr so ernst war, mehr mit ihnen spielte und liebevoller als je zuvor mit ihnen umging. Aber meine lange Abwesenheit forderte ihren Tribut. Sie waren manchmal wie die Kletten und wollten mir nicht von der Seite weichen. Dann wieder bekamen sie Wutanfälle wegen Kleinigkeiten, über die andere Kinder nicht einmal nachgedacht hätten. Ich ahnte, dass sie so unsicher waren, weil sie diesem neuen Traumleben nicht trauten, denn ihre Mutter würde vielleicht wieder außer Haus zur Arbeit gehen und ihre frühere Lebensweise aufnehmen. Es würde sicher einige Zeit dauern, bis ich wieder ihr volles Vertrauen erlangt hätte. Nur ein paar Monate lang die ideale Mutter abzugeben, ist kein Ersatz für ein Leben, das allein den Kindern gewidmet ist.

Mir wurde bewusst, dass meine Vision einer hervorragenden Mutter sich nur langsam umsetzen ließ. Also war ich nachsichtig zu mir selbst und akzeptierte meine vergangenen Fehler mit guter Miene. »Alles geschieht aus gutem Grund«, ermahnte ich mich. Das Leben ist immer im Fluss. Wir leben, wir straucheln, und dann lernen und wachsen wir. Ich gelobte mir, Julians Weisheit mit offenem Herzen anzunehmen und seine Ideen mit sanfter Überzeugung umzusetzen. Ich war mir sicher, die Ergebnisse würden sich einstellen und mein Leben würde sich bestmöglich entwickeln.

Nach vielen nächtlichen Diskussionen und viel Nachdenken auf beiden Seiten fühlten Jon und ich uns zunehmend verantwortlicher für unser Zuhause. Mit der Zeit verwandelte sich Jons zeitweilige Apathie in Sympathie, und er würdigte, wie sehr ich dafür kämpfte, unser Familienleben nach unseren Vorstellungen zu gestalten. Wir lachten wieder öfter, und da Lachen nun einmal ansteckend ist, stimmten die Kinder bald ein. Wir umarmten uns mehrmals am Tag. Der Satz »Ich hab dich lieb« wurde bei uns zu Hause so normal wie vergossene Milch und die Zeichentrickfilme am Samstagmorgen. Und allmählich genossen wir es einfach nur zusammen zu sein.

Damit Sie wissen, wie wir unseren Wandel nach meinem Gespräch mit Julian in der Innenstadt in Gang brachten: Als Erstes formulierten Jon und ich das Abkommen unserer Familienvision, zu dem Julian uns geraten hatte. Es schien uns absolut sinnvoll: Wir würden wohl kaum ein Ziel erreichen, das wir nicht klar vor uns sahen. Wenn wir unser Familienleben umfassend verbessern und unser Zuhause auf Liebe und Glück aufbauen wollten, mussten wir uns das Endergebnis klar vorstellen können und es auch schriftlich formulieren. »Vor der Meisterschaft kommt die geistige Klarheit«, lautete der Satz, den Julian stets wiederholte, wenn wir alle gemütlich im Wohnzimmer zusammensaßen.

Indem wir unsere Zukunft klärten, unsere Werte definierten und über unsere Prioritäten nachdachten, lebten wir allmählich entschlossener und zielorientierter. Das Leben spielte uns nicht länger mit – wir nahmen es selbst in die

Hand und gestalteten unsere Tage nach unserer Façon. Ich fühlte mich friedvoller und sicherer. Das Gefühl überfordert zu sein, welches das Leben der meisten von uns auf dieser anstrengenden, verwirrenden Welt bestimmt, während wir mit Vollzeitjobs und Einkäufen, Fußballtraining und karitativer Arbeit jonglieren, nahm ab. Das Leben machte wieder Spaß.

Julian verbrachte die meiste Zeit in seinem hübschen kleinen Zimmer über der Garage mit Lesen und Meditation. Hin und wieder hörte ich ein Gepolter und Gesäge, aber ich hielt an mich und ging nicht nach oben. Ich wollte Julian die Freiheit lassen, die er meines Erachtens brauchte. Manchmal kam er voller Sägespäne ins Wohnzimmer und murmelte etwas von »diese verdammten Handwerker. Ich hoffe bloß, die wissen, was sie tun«. Ich fragte nicht nach, was er meinte.

Julian brauchte nicht viel: frische Blumen, sofern ich Zeit hatte, ihm welche zu bringen, jede Menge frische Luft und viel Zeit für Porter und Sarita. Seine Liebe zu ihnen wurde im Lauf der Wochen immer stärker. Julian war Ally in ihrem viel zu kurzen Leben ein guter Vater gewesen. Ich wusste, dass er dank all seiner neuen Weisheit und Empathie wieder einen wunderbaren Vater abgeben würde, wenn er noch einmal Kinder haben sollte. Eines Morgens sprach ich ihn darauf an.

»Tag, Julian«, sagte ich, als er mit einer Flasche Mineralwasser in der Hand nach seinem üblichen Morgenspaziergang durch die Seitentür hereinkam.

»Guten Morgen, Catherine. Ich glaube, das wird ein wunderschöner Tag heute. Hast du gesehen, dass man den

Mond noch am Himmel sieht, obwohl schon die Sonne strahlt?«

»Ist mir nicht aufgefallen. Aber ich sehe es mir gleich mal an, sobald ich Porter in der Schule und Sarita bei Jons Mutter abgesetzt habe. Sie war im Urlaub und möchte heute mit ihr basteln. Sie ist so nett, Julian.«

»Habe ich schon gehört. Hast du was dagegen, wenn ich mitfahre?«

»Natürlich nicht, das wäre schön. Sarita freut sich, wenn du bei ihr auf der Rückbank sitzt und sie mit deinen Späßen als ›Fremdenführer‹ unterhältst.«

»Ich tue mein Bestes, sie zu unterhalten«, erwiderte Julian.

»Ich weiß.«

Nachdem wir die Kinder abgesetzt hatten, sprach ich Julian auf etwas an, das mir schon länger durch den Kopf ging.

»Julian?«

»Ja, Catherine.«

»Meinst du, dass du noch einmal heiratest?«

»Was?«, rief Julian lachend aus.

»Nein, es ist mein Ernst. Du siehst super aus. Du bist der klügste Mensch, den ich kenne. Es macht Spaß, mit dir zusammen zu sein, und du hast die denkbar positivste Lebenseinstellung. Du hast sicher genug Gelegenheiten, jemanden kennenzulernen. Du könntest vielleicht sogar noch mal ein Kind haben.«

Julian sah schweigend aus dem Beifahrerfenster. Ich sagte nichts mehr. Bald stiegen ihm Tränen in die Augen, die ihm dann über die weichen Wangen liefen und auf sein gewohntes rotes Gewand tropften.

»Tut mir leid, Julian. Ich wollte keine traurigen Erinnerungen wecken«, entschuldigte ich mich.

»Du hast eigentlich gute geweckt«, antwortete Julian sanft. »Meine Tage mit Ally waren die besten meines Lebens. Porter und Sarita um mich zu haben hat mir dieses Glück wiedergebracht. Ich liebe Kinder wirklich sehr.«

»Das weiß ich.«

»Und Porter und Sarita sind ganz besondere Kinder. Mir ist in letzter Zeit aufgefallen, wie gut sie sich entwickeln.«

»Danke. Ich arbeite daran.«

»Das weiß ich doch«, erwiderte Julian.

»Ich will ja nicht insistieren, aber ich bin schließlich deine Schwester und mir liegt viel an dir. Also was meinst du? Willst du noch einmal heiraten?«

»Momentan nicht, Catherine. Aber vielleicht später«, sagte er breit lächelnd, wobei es ihm schmeichelte, viele Jahre auf dem Buckel zu haben, aber um Jahrzehnte jünger zu wirken.

»Na schön, ich will nicht weiter nachhaken. Im Moment. Aber ich habe jede Menge intelligente, attraktive Freundinnen, die einen Mann wie dich liebend gern kennenlernen würden.«

»Ich behalte das im Hinterkopf, Schwesterherz. Zurzeit habe ich andere Prioritäten.«

»Wohin willst du?«, fragte ich, als Julian das Fenster herunterkurbelte. Er streckte die Hand in den Wind und ließ sie hinauf- und hinuntergleiten, wie Kinder es an einem heißen Sommertag gern tun.

»Ich hatte gehofft, wir könnten heute zum Cottage hinauffahren. Ich war seit Jahren nicht dort. Heute wäre ein guter

Tag, um dir alles über die *zweite Meisterschaft einer Führungspersönlichkeit in der Familie* zu erzählen.«

»Wirklich?«, freute ich mich. »Ich hatte mich schon gefragt, wann du damit kämest. Worum geht es?«

»Die zweite Meisterschaft einer Führungspersönlichkeit in der Familie handelt davon, Vertrauen aufzubauen und uns der grundsätzlichen Menschlichkeit zu öffnen.«

»Uns der grundsätzlichen Menschlichkeit öffnen?«

»Ja. Wir sind viel zu oft nicht menschlich genug, Catherine. Wir sagen nicht, wie sehr wir jemanden lieben oder was wir an jemandem schätzen. So können wir die liebevollen Bindungen einer funktionierenden Familienkultur nicht aufbauen. Zur zweiten Meisterschaft einer Führungspersönlichkeit in der Familie gehört es, *die Führungskompetenz seines Kindes auszuprägen, anstatt es auszuschimpfen.* Und das schaffst du, indem du deine familiären Beziehungen vertiefst.«

»Schön, Julian, fahren wir zum Cottage. Das ist eine gute Idee. Jon arbeitet an einem wichtigen Projekt und kommt heute später nach Hause als sonst. Ich könnte seine Mutter anrufen und sie bitten, Porter von der Schule abzuholen. Sie wäre bestimmt begeistert, die Kinder den ganzen Tag bei sich zu haben.«

»Wunderbar«, erwiderte Julian, offensichtlich erfreut, dass ich meinen Zeitplan änderte, um den ganzen Tag mit ihm zusammen zu sein und zu lernen.

»Ehrlich gesagt, könnte ich auch mal eine Pause gebrauchen. Ich habe so viel Zeit mit den Kindern verbracht, dass ich mich auf ein bisschen Abwechslung auf dem Land freue.«

»Es ist wichtig, dass du dir auch Zeit für dich selbst nimmst, Catherine. Zu viele Eltern haben Schuldgefühle, wenn sie sich Zeit für sich nehmen. Sie meinen, das sei egoistisch. Aber sich Zeit zu nehmen, um sich zu erneuern und wieder aufzutanken, ist überaus selbstlos.«

»Wirklich?«

»Natürlich. Dann kommst du besser mit deiner Familie zurecht. Wenn du glücklich bist, ist sie auch glücklich. Wenn du entspannt bist und ausgeglichen, bist du in Höchstform. Und davon hat deine Familie am meisten.«

»Super Punkt. Ich werde dran denken.«

»Also fahren wir jetzt aufs Land. Ich möchte dir noch ein paar Erkenntnisse verraten, die dein Familienleben bestimmt verbessern werden. Du machst deine Sache schon sehr gut. Ich bin beeindruckt, was du alles hinbekommst. Unser Gespräch im Büro von BraveLife.com scheint ja Wirkung zu zeigen.«

»Du hast mir an dem Tag die Augen für vieles geöffnet, Julian. Diese Idee, zu Hause Führungskompetenz zu zeigen und meine eigene Familienkultur aufzubauen, hat wirklich ins Schwarze getroffen.«

»Da bin ich aber froh«, sagte er freundlich.

* * *

Was Julian »das Cottage« nannte, war tatsächlich ein imposantes Anwesen, das mein Großvater auf 17 Hektar wunderbarstem Land erbaut hatte. Vom Haus hatte man einen herrlichen Blick auf einen malerischen See, in dem wir als Kinder geschwommen und Boot gefahren waren. Überall wuchsen Blumen und sangen Vögel. Ich freute mich sehr, wieder dort zu sein.

Als wir auf das Haupthaus zufuhren, war ich erfüllt von Erinnerungen. Ich dachte an den Tag, als mir Julian beibrachte, mit dem Boot zu segeln, das unsere Mutter uns zum Schulschluss gekauft hatte. Wir waren beide unter den Klassenbesten, und sie wollte uns etwas Besonderes schenken. Wir verbrachten einen faulen Sommertag nach dem anderen in dem Segelboot, ließen uns lustige Geschichten einfallen und träumten von unserem späteren Leben. Schon damals stellte Julian sich stets dasselbe vor: »Ich werde Strafverteidiger«, sagte er immer.

Ich lächelte, als ich daran dachte, wie wir als Kinder eines Nachts im Freien unter dem Sternenhimmel schliefen und uns Geschichten von Geistern und Kobolden erzählten. Wir bekamen es so mit der Angst zu tun, dass wir nach unserem Vater riefen, der uns mithilfe einer Taschenlampe ins Haus zurückbrachte. Und ich erinnerte mich an all die schönen Zeiten mit der Familie, die wir in dieser Idylle verbrachten; es war so herrlich, dass wir immer nur Glück und Liebe zu atmen schienen.

»Ich mochte immer den Duft der Blumen im Frühling«, stellte Julian entspannt fest.

»Ich auch. In der Stadt habe ich nie so große Blumen gefunden«, erwiderte ich.

Als wir den Weg zu dem weitläufigen Anwesen hinaufschlenderten, legte mir Julian seinen Arm um die Schulter; wir gingen schweigend weiter.

»Du weißt doch, weshalb es uns beiden hier so gut gefällt, oder?«, fragte er nach einer Weile.

»Nein, sag.«

»Es liegt an den Erinnerungen, Catherine.«

»An den Erinnerungen?«

»Ja. Klar ist es hier schön. Aber letztendlich ist der Grund, weshalb dieses Anwesen in deinem Herzen einen solchen Stellenwert hat, dass wir hier viele menschliche Momente verbracht haben.«

»Menschliche Momente?«, fragte ich und war neugierig, was Julian mit dieser neuerlichen poetischen Formulierung wohl meinte.

»Ja, *menschliche Momente*. Die *Harvard Business Review* hat vor ein paar Jahren über dieses Phänomen etwas veröffentlicht. Der Autor schrieb, dass die Menschen im Job nicht mehr glücklich, kreativ und inspiriert seien, weil in der Hektik des modernen Arbeitsplatzes die Zeit für menschliche Momente verloren ginge.«

»Was genau sind diese menschlichen Momente?«

»Es handelt sich um besondere Augenblicke, wenn man zusammenkommt und sich offen und intensiv austauscht. Bevor es in der Geschäftswelt so hektisch zuging, nahmen wir uns Zeit, um an der Kaffeemaschine über das Wochenende zu plaudern, oder wir fragten unsere Kollegen, wie sich ihre Kinder so machten. Wir kannten unsere Kollegen und sahen sie als wichtigen Bestandteil unseres Lebens. Heute werden die Leute bei der Arbeit von einer E-Mail-Lawine, einem unendlichen Nachrichtenstrom auf dem Anrufbeantworter und einem meterhohen Stapel von Faxen überflutet. In der Geschäftswelt bleibt uns heute keine Zeit mehr herunterzufahren, uns an der Gesellschaft der anderen zu freuen und herzlich miteinander zu plaudern. Wir kennen die Leute, mit denen wir einen Großteil unserer Tage verbringen, praktisch nicht mehr.«

»Und die Ironie dabei ist«, fügte ich hinzu, »dass, sobald wir uns wieder die Zeit für Kontaktpflege nehmen, Innovation, Produktion und Effizienz im Job enorm ansteigen.«

»Genau das hat dieser Consultant in dem Artikel geschrieben. Aber ich glaube, der springende Punkt ist eigentlich: Führungspersönlichkeiten können das Arbeitsklima in ihrer Firma heben, indem sie menschliche Momente im Job einbauen.«

»Ich glaube, ich weiß, worauf du hinauswillst«, sagte ich intuitiv.

»Mache es auch so in deinem Familienleben «, meinte Julian.

»Interessant.«

»Um deine Familie sinnvoll anzuleiten«, fuhr Julian fort, »solltest du menschliche Momente fördern. Hör auf, die Kinder auszuschimpfen, und fang an, sie durch das Geschenk deiner bedingungslosen Liebe zu prägen und zu formen. Alle gewissenhaften Führungspersönlichkeiten bemühen sich um die Beziehungen innerhalb ihres Unternehmens. Bei dir sollte es nicht anders sein.«

»Einverstanden«, sagte ich nachdenklich. Ich wusste, dass ich bei meinem manchmal hitzigen Temperament, wenn die

Kinder schrien, das Telefon schrillte und Termine drängten, noch ein gutes Stück Arbeit vor mir hatte.

»Du bist ein Star im Geschäftsleben, Catherine«, fuhr Julian fort, sodass ich mich gleich etwas besser fühlte. »Ich maße mir keineswegs an, dir beizubringen, wie man ein Unternehmen von Weltrang aufbaut. Das hast du schon mit bewundernswertem Erfolg erreicht.«

»Danke, Julian.«

»Und aufgrund deiner Managementerfahrung weißt du, dass für ein Supergeschäft auch Supertalent erforderlich ist – tolle, kreative, energiegeladene Leute, die leidenschaftlich bei der Sache sind.«

»Absolut richtig«, antwortete ich, als wir in das elegante Wohnzimmer des Anwesens eintraten.

»Und du wirst mir sicher auch zustimmen, dass man das Beste im Menschen zutage bringt, indem man ihm zeigt, dass man ihn mag.«

»Ja.«

»Der springende Punkt des beruflichen Erfolgs ist also, die Herzen der Menschen anzusprechen. *Wirkliche Führungskompetenz bedeutet, jemanden zu loben, nicht über ihn zu urteilen.* Je intensiver deine Beziehung zu anderen, desto effizienter ist auch deine Führungskompetenz. Die Menschen folgen dir nicht, wenn sie dir nicht vertrauen. Und hier nun die große Weisheit«, sagte Julian emotional: *»Bevor dir jemand zur Hand geht, musst du sein Herz berühren.«*

»Bevor dir jemand zur Hand geht, musst du sein Herz berühren? Das gefällt mir, Julian.«

»Weißt du, warum dir das gefällt?«

»Nein, wieso denn?«

»Weil es wahr ist. Jeder Mensch, egal in welchem Stadium der Evolution, ist in der Lage, die wichtigsten menschlichen Wahrheiten zu erkennen. Und was ich gerade gesagt habe, ist so eine Wahrheit.«

»Super. Da fällt mir ein Zitat von Goethe ein, das ich kürzlich gelesen habe. Er schrieb: ›Behandle die Menschen, als wären sie, was sie sein sollten, dann hilfst du ihnen zu werden, was sie sein könnten.‹«

»Und genau darum geht es bei menschlichen Momenten – diesen kurzen Gelegenheiten, jemand anderem seine Menschlichkeit zu zeigen. Diese kleinen Chancen, einem anderen Menschen seine Liebe und sein Mitgefühl zu zeigen, die sich tagtäglich anbieten, jedoch im Allgemeinen ungenutzt verstreichen, weil wir einfach ständig viel zu beschäftigt sind.«

»Und derartige Chancen zu ergreifen, um ›menschliche Momente‹ zu schaffen, intensiviert unsere Beziehungen grundlegend, oder?«

»Richtig. Und nicht nur das. Diese menschlichen Momente schenken uns bleibende Erinnerungen, die letztendlich das Wertvollste im Leben sind. Weißt du, Catherine, ein gutes Leben ist eigentlich nur eine Abfolge großartiger Erinnerungen.«

»Faszinierend.«

»Das ist wahr. Nur zu oft meinen wir, dass wir irgendwelche heroischen Taten vollbringen müssen, damit unser Leben etwas wert ist und wir großen Erfolg erlangen. Wir lassen uns verleiten, teure Spielsachen und jede Menge Hab und Gut anzuhäufen, um schließlich Erfüllung zu finden. Aber das ist nicht der Weg zu wirklichem Glück. *Wirkliches, dauerhaftes Glück entsteht, indem wir schöne Erinnerungen und besondere Momente sammeln.* Bemühe dich bis ans Ende deiner Tage, alles Erdenkliche zu tun, um so viele schöne Familienerinnerungen wie möglich anzuhäufen. *Und denk daran, dass der allerbeste Weg zum Erfolg im Leben darin besteht, von Herzen freundlich zu sein.* Wende alles, was du aus dem Geschäftsleben über Gemeinschaftsgeist und menschliche Momente weißt, auf dein Privatleben an. Verlagere diese bewährten Management-Philosophien von der Geschäftswelt in deine privaten vier Wände.«

»Wie genau?«, fragte ich.

»Denke daran, dass deine Führungskompetenz zu Hause umso stärker wird, je intensiver deine Beziehung zu Jon und den Kindern sich gestaltet. Hör auf, Porter und Sarita auszuschimpfen und forme sie zu den großartigen Seelen, zu denen sie bestimmt sind, wie wir beide wissen.«

»Hör außerdem auf, über sie zu urteilen, und fang an, sie zu loben?«, fügte ich hinzu, wobei ich Julians Worte gebrauchte.

»Ja, genau«, erwiderte Julian aufgeregt und hüpfte wie auf einem Trampolin auf und nieder. »Lobe deine Kinder, wenn sie etwas gut gemacht haben. *Vergiss nie, dass ein gewürdigtes Verhalten bestimmt wiederholt wird.* Lobe sie, wenn sie beim Spülen helfen oder mit dir zusammen kochen. Überschütte sie mit aufrichtigem Lob, wenn sie etwas Neues gelernt haben oder ein neues Spiel ausprobieren. *Aufrichtiges Lob motiviert das menschliche Herz zutiefst, und dennoch loben wir viel zu selten.*«

»Da hast du wohl recht, Julian. Wir sind nicht menschlich genug.«

»Und sei nicht gleich wütend, wenn die Kinder Milch verschütten oder einen neuen Teller kaputt machen. Sie sind Kinder, und Kindern passiert so etwas eben. Auf diese Weise lernen sie. Ich erinnere mich noch an einen der Investmentbanker, mit denen ich in meinen besten Zeiten immer herumzog. Er sagte mir, das Geheimnis seines unglaublichen Selbstvertrauens läge in seiner Kindheit.«

»In welcher Hinsicht?«

»Nun, er wurde von seinem Vater erzogen, und wenn er ein Glas umkippte oder einen Teller zerbrach oder ihm sonst ein Missgeschick passierte, fragte ihn sein Vater stets – anstatt ärgerlich zu werden: ›Also, Jerry, was kannst du daraus lernen?‹ Diese einfache Frage führte dazu, dass er den stärksten Charakter ausprägte, dem ich je begegnet bin. Bedenke, Catherine, ein Fehler ist nur ein Fehler, wenn du ihn zweimal begehst. Beim ersten Mal ist es eine Erfahrung, aus der man lernen und durch die man wachsen kann.«

»Wirklich?«

»Selbstverständlich. Meinst du nicht auch, dass wir als Menschen vor allem aufgrund unserer Fehler und Irrtümer wachsen?«

»Mit Sicherheit. Wenn ich es mir recht überlege, habe ich mich vor allem durch meine schlimmsten Tiefschläge weiterentwickelt.«

»Genau. Zu scheitern ist der Königsweg zum Erfolg. Versagen bedeutet zu lernen, wie man gewinnt. *Gute Eltern würdigen große Fehler*. Wenn Porter und Sarita so mutig sind, etwas Neues auszuprobieren, und es schief geht, erkenne es an und ermuntere sie. Das gibt ihnen jede Menge Selbstvertrauen und inspiriert sie, sich weiterzuentwickeln und ihre Fähigkeiten auszubauen. Wenn ihnen ein Fehler unterlaufen ist, hilf ihnen zu erkennen, weshalb das passiert ist, und dann weiterzumachen. Und spreche *niemals* negativ oder kritisch mit ihnen. Wer seine Kinder verurteilt, veranlasst sie, sich innerlich klein zu machen, und nimmt ihnen ihr besonderes Licht. Es ist eine Sünde, wie Eltern ihre Kinder im Supermarkt wegen irgendeiner Lappalie anbrüllen. Das zeigt bloß, dass *die Eltern* sich wieder auf die Reihe kriegen müssen – nicht die Kinder.«

»Du meine Güte, da bist du aber zu klugen Einsichten gekommen, Julian. Du musst Stunden um Stunden über all das nachgedacht haben.«

»Eher Jahre um Jahre«, kam die leise Antwort, wobei Julian gedankenverloren über sein Gewand strich.

»Und ich bedenke auch das übergreifende Prinzip der Führungskompetenz, das ich bereits erwähnt habe: ›Menschen folgen dir nicht, wenn sie dir nicht vertrauen.‹ Behalte vor allem im Kopf, *dass es deine vorrangige Aufgabe als Mutter ist, menschliches Vertrauen aufzubauen*.«

»Ich muss menschliches Vertrauen aufbauen?«, fragte ich fasziniert von seinen Worten.

»Ja, Catherine. Vertrauen ist der Eckpfeiler für jede große Familienkultur. Wie schon gesagt, bevor dir jemand zur Hand geht, musst du sein Herz berühren. Und das Herz kann man schließlich nur berühren, indem man Vertrauen schafft.«

»Wenn ich also Porter und Sarita bewegen will, mir mehr zu Hause zu helfen, zum Beispiel ihre Spielsachen nach Gebrauch aufzuräumen, dann muss ich mich mehr bemühen, ihr Herz zu gewinnen?«

»Ja, genau das habe ich gemeint.«

»Aber was kann ich praktisch zu Hause tun, um Vertrauen aufzubauen, wie du es nennst? Wie kann ich meine Beziehungen intensiver gestalten und diese schönen Erinnerungen schaffen, die – wie du sagst – für ein tolles Familienleben so wichtig sind?«

»Nun, da gibt es vielerlei Möglichkeiten. Die erste und bei Weitem wichtigste ist, *deine Versprechen zu halten und deine Aufgaben zu erfüllen.* Kennst du die Geschichte von dem Schreinermeister, der in Rente gehen wollte?«, fuhr Julian fort.

»Ich glaube nicht.«

»Also, er sollte nach langen, engagierten Berufsjahren, in denen er sich dem Bau von Häusern gewidmet hatte, in Rente gehen. Aber gleich am Anfang seiner Tätigkeit bei einem bekannten Bauunternehmen hatte man ihm ein besonderes Versprechen abgenommen.

»Nämlich?«

»Der Schreiner musste dem Bauunternehmer versprechen, jedes Haus so zu bauen, als sei es sein wichtigstes Projekt aller Zeiten. Er musste versprechen, jedes Haus mit Engagement, Umsicht und Liebe zu bauen. Kurz vor seiner

Rente ging der Schreiner ins Büro seines Chefs, um ihn zu informieren, dass das soeben erbaute Haus sein letztes sei. Sein Chef sagte, dass er sein Ausscheiden aus der Firma bedaure, und bat ihn um einen letzten Gefallen. ›Bauen Sie mir noch ein Haus‹, bat der Arbeitgeber, ›dann sind Sie frei.‹ Der Schreiner, der seinen Chef überaus respektierte, willigte ein und machte sich sofort an die Arbeit. Doch im Gegensatz zu allen anderen Häusern, die er im Lauf der Jahre erbaut hatte, nutzte er bei diesem letzten Haus nicht seinen vollen Erfahrungsschatz und vollendete das Projekt in Rekordzeit, um endlich in den Ruhestand zu treten. Er sparte an allen Ecken, verwendete minderwertiges Material und beeilte sich, die Aufgabe endlich hinter sich zu bringen.«

»Er brach also sein anfängliches Versprechen«, bemerkte ich, ganz vertieft in Julians Geschichte.

»Ja, Catherine«, fuhr Julian fort. »Innerhalb von ein paar Wochen war das Haus fertig und der Schreiner informierte seinen Chef darüber. ›Danke, dass Sie mir diesen Gefallen getan haben‹, bedankte er sich freundlich bei dem Schreiner. Dann reichte ihm der Arbeitgeber die Hausschlüssel. ›Die sind für Sie. Das Haus, das Sie gerade gebaut haben, ist mein Abschiedsgeschenk für all die langen Jahre, die Sie mit solchem Engagement hart für mich gearbeitet haben.‹ Der Schreiner war verblüfft. Er konnte nicht glauben, dass das soeben errichtete Haus wirklich ihm gehören sollte. Wenn er das gewusst hätte, hätte er sich natürlich viel mehr Mühe gegeben.«

»Das ist ja eine tolle Geschichte.«

»Schau, der Schreiner hielt das wichtigste Versprechen nicht, das er seinem Chef und sich selbst gegeben hatte – das darin bestand, seine Arbeit stets hervorragend und als ein wahrer Meister seiner Zunft zu erledigen. Und weil er gegen seine wesentliche Pflicht verstieß, lebte er schließlich in dem einzigen minderwertigen Haus, das er je gebaut hatte. Und so ist es in unserem Leben auch. Wir halten Versprechen nicht und leben dann schließlich unter nicht gerade idealen Umständen – Umständen, die wir durch unser Handeln selbst geschaffen haben.«

»Also sollten Führungspersönlichkeiten in der Familie immer ihre Versprechen halten und zu ihrem Wort stehen«, schloss ich daraus.

»Ja, außer sie wollen irgendwann in einem minderwertigen, traurigen Zuhause leben. Aber nicht nur die Versprechen gegenüber der Familie sind zu erfüllen, Catherine. Man muss auch die Versprechen halten, die man sich selbst gibt. Hält man seine Versprechen gegenüber anderen, wächst das Vertrauen in der Familie, und so bereichert man die häusliche Kultur. Hält man die Versprechen sich selbst gegenüber, baut man Selbstvertrauen auf und stärkt den eigenen Charakter.«

»Das stimmt absolut, Julian. Wie du weißt, mache ich jetzt regelmäßig Sport.«

»Das ist mir aufgefallen. Du hast noch nie so gut ausgesehen.«

»Danke, Bruderherz. Inzwischen fühle ich mich total mies, wenn ich nur ein geplantes Training auslasse. Es ist, als wenn ich mich selbst im Stich ließe oder etwas in der Art.«

»So ist es ja auch. Wenn du deine Versprechen an dich selbst hältst, egal ob es um dein Training, um Zeit in der Natur oder um eine Massage nach einer hektischen Woche geht, bedeutet das, dass du dir selbst treu bist. Wenn du es durchziehst, dich mehr um dich selbst zu kümmern, bestätigst du dich selbst. Brichst du diese Versprechen, verlierst du langsam das Vertrauen in dich. Du schwächst dein Selbstvertrauen. Je mehr Versprechen du nicht hältst, desto mehr schwächst du dein Vertrauen zu dir selbst. Schließlich verlierst du auch jegliches Selbstvertrauen als Mensch. Und falls das passiert, ist alles verloren«, erklärte Julian theatralisch, wobei die Sonnenstrahlen über die goldene Stickerei an seinem Gewand tanzten.

»Das ergibt wirklich Sinn, Julian. Noch nie hat mir jemand so etwas beigebracht. Nicht in der Grundschule. Nicht in der Oberschule. Nicht an der Uni. Bitte, sprich weiter.«

»Vertrauen ist die Grundlage für jede zwischenmenschliche Beziehung, egal ob in der Arbeit oder zu Hause. Um deine Beziehung zu deiner Familie zu stärken, musst du das vorhandene Vertrauen fördern. Und am nachhaltigsten schafft man dies als ein Mensch, der zu seinem Wort steht. Worte haben große Macht. Willige also nicht in etwas ein, wenn du dir nicht wirklich sicher bist. Versuche, jedes Versprechen zu halten, das du gibst. Versuche, *mit deinem Wort absolut sorgsam umzugehen*. Das wird dein Leben völlig verändern, das kann ich dir versichern.«

»Das hört sich aber schwierig an, mit meinem Wort sorgsam umzugehen. Ich meine, ich habe so viele Verpflichtungen. Es ist nicht so einfach, wirklich alle zu erfüllen.«

»Dann solltest du eben nicht so viele auf dich nehmen. Wenn du weniger versprichst, kannst du ja trotzdem mehr geben. Und sei *wählerischer* mit dem, was du versprichst. Wenn du zu Hause eine gute Führungspersönlichkeit abgeben willst, solltest du zuerst beispielhaft integer sein. Du musst ein rechtschaffener Mensch sein. Nach deinem persönlichen Ehrenkodex leben. Auf diese Weise sicherst du dir den Respekt der anderen. Und was noch wichtiger ist: *Menschen, die ihre Versprechen halten, gewinnen an Glaubwürdigkeit.* Ihre Familie verlässt sich dann auf sie und schenkt ihren Worten absoluten Glauben ...«

»Weil sie wissen, dass es wahr ist!«, rief ich aufgeregt dazwischen.

»Ja, weil sie wissen, dass es wahr ist. Und die Wahrheit macht dich wirklich frei, Catherine.«

»Ich hätte nie gedacht, dass es so wichtig ist, in den Augen der Familie glaubwürdig zu sein. Ich habe meine Prioritäten als Partnerin und Mutter bisher anders gesetzt.«

»Glaubwürdigkeit ist der Schlüssel, Catherine. Glaubwürdigkeit lässt Vertrauen entstehen, und Vertrauen – wie ich ja sagte – liegt jeder herzlichen, sinnvollen Beziehung zugrunde. Ich schlage dir also vor: Verspreche niemandem etwas und verpflichte dich zu nichts, wenn du nicht sicher bist, ob du all dies auch erfüllen kannst. Sag nicht zu Porter und Sarita, du gingest mit ihnen am Wochenende in den Zirkus, wenn du nicht weißt, ob du auch Zeit hast. Die Versprechen der Eltern bedeuten kleinen Kindern die Welt. Brichst du dein Versprechen, brichst du ihnen das Herz. Und sag Jon nicht, du würdest ihm helfen, seinen geplanten neuen Geschäftsplan aufzustellen, wenn du nicht sicher weißt, dass du dazu in der Lage bist. Verhältst du dich so, wirst du bald eine wunderbare Änderung in deinem Leben sehen. Deine Familie wird dir auf eine Weise zuhören wie nie zuvor. Alle werden dich absolut respektieren. Sie werden dich als einen Menschen kennen und lieben, der immer zu seinem Wort steht. Und das festigt die Liebe zwischen euch allen.«

»Welch erstaunliche Erkenntnisse. Und dabei eigentlich ganz einfach.«

»Einfach tiefgründig, so würde ich die Weisheit dieser freundlichen Mönche beschreiben«, erwiderte Julian offensichtlich erfreut über sein gewitztes Wortspiel.

»Nun gut, Julian. Ich will meine Versprechen und Pflichten fortan also immer ernst nehmen und sie einhalten. Ich will meine Worte sorgsam wählen. Wenn ich einwillige, etwas zu tun, dann werde ich so charakterstark sein, die Sache durchzuziehen. Ich will mich bemühen, eine Frau des Worts zu werden – zu meinem Wort zu stehen – und es mir nicht mehr nur einfach machen. Stattdessen werde ich mich darauf konzentrieren, das Richtige zu tun. Was kann ich sonst noch tun, um unsere familiären Beziehungen zu stärken?«

»Wie bitte?«

»Ich sagte, was kann ich sonst noch tun, um unsere familiären Beziehungen zu stärken?«

»Was?«

»Ich sagte«, jetzt brüllte ich schon fast, denn ich wusste nicht, ob Julian vielleicht schlecht hörte trotz seiner hervorragenden physischen Form, »was ich sonst noch tun kann, um meine Beziehungen zu stärken.«

»Könntest du mir das noch einmal wiederholen, Schwesterherz?«

»Das soll wohl ein Scherz sein, Julian. Ich habe dir die gleiche Frage jetzt dreimal gestellt. Warum hörst du nicht zu? Langsam geht mir das auf die Nerven.«

»So, danke. Auf diese Antwort hatte ich gehofft«, erwiderte ein erfreuter Julian und grinste dabei von einem Ohr zum anderen. »Du hast mir zu einem guten Übergang zu meinem nächsten Punkt über den Aufbau von häuslichen Beziehungen verholfen.«

»Ach ja?«

»Ja. Um deine zwischenmenschlichen Beziehungen wirklich zu vertiefen und die Herzen deiner Lieben anzusprechen, damit sich dein Familienleben verbessert, musst du zu einer – wie ich es nenne – *aggressiven Zuhörerin* werden.

»Ja, aber hast du denn nicht die ganze Zeit gepredigt, dass wir sanfter und einfühlsamer miteinander umgehen müssen, wenn wir unsere Beziehungen stärken wollen? Wieso soll man jetzt plötzlich aggressiver sein, Julian? Ich habe es satt, aggressiv zu sein. Ich bin es leid, den lieben langen Tag Power zu machen und die Leute gnadenlos anzutreiben. Genau das habe ich getan, als ich noch im Büro in der Stadt gearbeitet habe.«

»Ich schlage dir ja nicht vor, wieder in dieses alte Verhaltensmuster zu verfallen, Catherine. So war dein altes Ich. Hör auf, dich so zu sehen. Fang an, aus deiner

Phantasie heraus zu leben und nicht aufgrund von Erinnerungen.«

»Mann, der Satz gefällt mir, Julian. Echt gut.«

Julian fuhr mit seiner Lektion fort: »Aggressives Zuhören bedeutet nicht, aggressiver zu sein. Es geht nur darum, sich als Zuhörer mehr zu engagieren. In unserer schnelllebigen Welt meinen viele, Zuhören bedeutet abzuwarten, bis das Gegenüber nichts mehr sagt, um dann selbst das Wort zu ergreifen. Ein meisterlicher Zuhörer zu werden ist in diesen Zeiten übervoller Terminkalender vergebliche Liebesmüh, aber dennoch entscheidend, um innerhalb der Familie Vertrauen aufzubauen. Aggressives Zuhören bereichert dein Familienleben auf dir völlig neue Weise. Weißt du, ein gewaltiger menschlicher Hunger ...«

»Was ist *menschlicher Hunger*?«, warf ich ein.

»Wir alle haben viele Bedürfnisse. Die Weisen nannten sie menschlichen Hunger und verwendeten viel Zeit darauf, jede Art des Hungers zu definieren. Wie ich sagte, haben wir also alle diesen menschlichen Hunger – zum Beispiel das Bedürfnis, unsere Talente zu verwirklichen, das Bedürfnis nach Liebe und Kommunikation, das Bedürfnis, uns weiterzuentwickeln und zu lernen, und das Bedürfnis, auf unserem Lebensweg einen Beitrag für andere zu leisten. Ein weiterer menschlicher Hunger ist die Sehnsucht nach Anerkennung und Verständnis. Wir alle brauchen es, dass man uns zuhört, und möchten, dass die Menschen, an die wir unsere Worte richten, diese tatsächlich verstehen. Indem du aggressiv zuhörst, konzentrierst du dich absolut auf die Worte deines

Gegenübers und lauschst mit Sympathie und Empathie. Das wiederum vermittelt der sprechenden Person das starke Signal, dass du sie respektierst, schätzt und dass du dich für ihre Worte interessierst. Und das stärkt das Vertrauen innerhalb eurer Beziehung.«

»Das hat wohl mit dem zu tun, was du neulich gesagt hast, dass einem nämlich erst dann jemand zur Hand geht, wenn man sein Herz berührt hat. Aggressives Zuhören scheint mir eine hervorragende Methode, sich von Herz zu Herz mit jemandem zu verbinden.«

»So ist es, Catherine. Wenige Gaben auf Erden sind so wertvoll wie die Fähigkeit, einem Menschen, mit dem man gerade zusammen ist, wirklich zuzuhören und ihm so zu vermitteln, dass man ihn wirklich versteht. Das ist eine der wenigen menschlichen Verhaltensweisen, die wir irgendwie nie hinbekommen. Da achtsames Zuhören für mehr Verständnis sorgt, wäre die Welt dadurch viel schöner. Verständnis ist der Grundstein der Liebe. Nimm einmal Porter, zum Beispiel. Auch wenn er erst sechs ist, bin ich mir absolut sicher, dass er es genießt, wenn du ihm deine ungeteilte Aufmerksamkeit schenkst. Wenn er dir also erzählt, was er an dem Tag in der Schule gemacht hat und was mit seinen Kameraden im Pausenhof passiert ist, bist du nicht nur körperlich, sondern auch geistig anwesend. Du konzentrierst dich völlig auf seine Worte, selbst wenn du erschöpft bist oder Stress in der Arbeit hast. Ich weiß, wie schwer das sein kann, aber je öfter du dich auf ein Gespräch konzentrierst und dich nicht ablenken lässt, desto besser gelingt es dir mit der Zeit. Zuhören ist etwas, das es zu meistern gilt, und nicht ein Talent, mit dem man auf die Welt kommt. Je mehr du übst, desto besser wirst du.«

»Da hast du recht. Porters Augen blitzen nur so, wenn ich ihm Fragen zu einem Thema stelle, das ihn leidenschaftlich interessiert, und dann einfach aufrichtig und liebevoll zuhöre, was er mir erzählt. Ich weiß, dass er sich dann wichtig genommen fühlt.«

»Und verstanden«, fügte Julian hinzu.

»Und verstanden«, wiederholte ich. »Sonst noch was?«

»Nur noch ein letzter weiser Punkt, Catherine. Und ich mache auch schnell, weil ich weiß, dass ich dir heute Morgen vieles gesagt habe, worüber du nun nachdenken musst.«

»Glaub mir, Julian, dieses Wissen bedeutet mir viel. Erzähl mir nur mehr.«

»Gut. Das letzte Element der zweiten Meisterschaft einer Führungspersönlichkeit in der Familie ist, *fanatisch ehrlich zu werden.*

»Was heißt das?«

»Das heißt, dass du ehrlich bleibst, egal wie schwer es dir fällt, in einer bestimmten Situation die Wahrheit zu sagen, und wie kompliziert es auch sein mag, mitzuteilen, was du denkst. Sag, was du wirklich sagen willst.«

»Also offen und ehrlich sein?«, meinte ich, wobei ich Julians Worte einer früheren Lektion aufgriff.

»Gut, Catherine. Genau. Aber ich sollte vielleicht noch erklären, dass fanatisch ehrlich zu sein nicht bedeutet, andere mit seiner Direktheit zu verletzen oder zu beleidigen. Ich meine etwas anderes: Fanatisch ehrlich zu sein, hat mit etwas zu tun, das ich früher schon einmal erläutert habe. Es geht darum, sorgsam mit seinen Worten umzugehen. Rede nicht leichtfertig etwas daher. Wenn du zum Beispiel in einer Situation mit Jon sehr emotional wirst, drücke es aus. Hör auf zu schmeicheln und plappern und halte dich bei deinen Gesprächen an die Wahrheit.«

»Wie wird es sich auswirken, wenn ich fanatisch ehrlich bin?«, wollte ich wissen.

»Ziemlich dramatisch«, antwortete Julian. »So, wie es sich auswirkt, wenn du deine Versprechen und Pflichten einhältst. Die anderen werden dir mehr vertrauen. Sie wissen, dass du immer die Wahrheit sagst. Du gewinnst enormen Respekt in ihren Augen und kannst als Mensch mehr bewirken, wenn du unter allen Umständen die Wahrheit sagst. Die Leute wissen dann, wo du stehst, und alles Falsche fällt von dir ab. Alles Oberflächliche – womit sich die meisten schmücken – ist dann weg, und wir stehen in unserer Menschlichkeit nackt da. Und das wirkt sich enorm aus, Catherine. Du bist dann mehr als nur irgendjemand. Du wirst zu einer Art Naturgewalt, und du befreist diese Aura um dich. Glaub mir, die Leute können diese Stärke spüren.«

»Hatten die Weisen diese Kraft?«

»Und wie«, bemerkte Julian und schaute in den Himmel. »Wenn ich mich an meine lieben Lehrer erinnere, dann besonders daran. Jeder von ihnen war der Wahrheit zutiefst verpflichtet, und zwar nicht nur mit Worten, sondern auch gedanklich. Da fällt mir dieser Ausspruch des großen römischen Philosophen Seneca ein: ›Ich will mein Leben und meine Gedanken beherrschen, als könne die ganze Welt mein Leben sehen und meine Gedanken lesen.‹«

»Bei dem Satz bekomme ich eine Gänsehaut«, merkte ich an.

»Der hat es in sich, nicht wahr?«, stellte Julian fest. »Und die Weisen lebten nach dieser Philosophie – der Wahrheit wirklich *ergeben*. Aus diesem Grund übten sie einen fast magischen Einfluss auf mich aus. Die Wahrheit zu sagen und fanatisch ehrlich zu sein, wird dein Familienleben revolutionieren, Catherine.«

»Und mein Berufsleben mit Sicherheit auch.«

»Sehr gut gesagt. In einem Zeitalter, in dem die Menschen ständig lügen, weil sie meinen, damit weiterzukommen, erhebst du dich über die Massen als ein Leuchtfeuer der Integrität. Und glaub mir, meine kleine Schwester, Integrität und Anstand verschaffen dir einen weitaus nachhaltigeren Wettbewerbsvorteil als die neuesten Geschäftspraktiken.«

»Wir sollten wohl in allen Bereichen unseres Lebens Führungskompetenz an den Tag legen. Da fällt mir ein, was Mahatma Gandhi einmal gesagt hat: ›Es kann einer nicht in einem Bereich des Lebens richtig handeln, wenn er in einem anderen falsch handelt. Das Leben ist ein unteilbares Ganzes.‹ Du hast mich nun schon so viel gelehrt, dass ich langsam begreife, dass alle Führungsprinzipien, die Topmanager für den Aufbau erfolgreicher Firmen brauchen, sich auch auf den häuslichen Kontext anwenden lassen und umgekehrt. Du predigst mir das ja seit Monaten, aber jetzt wird es mir erst richtig klar. Und du hast tatsächlich recht: Führungskompetenz ist nicht allein die Domäne von Managern. Wenn ich Führungskompetenz beweise, indem ich mich als jemand sehe, der Vertrauen aufbaut und Menschen hilft, sich zu entwickeln, wirkt das in all meinen Beziehungen Wunder – im Beruf wie auch zu Hause.«

»Jetzt hast du's wirklich erfasst«, sagte Julian und spazierte nach draußen auf die Veranda, die auf den schimmernden See hinausging. Das auf den Wellen tanzende Sonnenlicht blendete uns. Julian griff in die einzige Tasche seines Gewands, zog seine Sonnenbrille heraus und setzte sie auf. Er sah urkomisch aus. »Echt cool, die Brille«, neckte ich ihn.

»Meine Augen können das gleißende Licht nicht ertragen«, erwiderte Julian. »Apropos Augen, Catherine. Ich möchte dir ein Gedicht zeigen.« Julian griff erneut in seine Tasche und zog einen elfenbeinfarbenen Zettel heraus; er wirkte alt und brüchig. Bevor er mir die Worte darauf vorlas, sagte er noch: *»Du bist die Schöpferin der Tage deiner Kinder.«*

Julians Aussage überraschte mich. Auch wenn ich sie nicht vollkommen verstand, spürte ich, dass sie etwas Besonderes bedeutete und äußerst weise war. Ich schwieg.

»Deine Entscheidungen und deine Gewohnheiten beeinflussen Porter und Sarita ihr ganzes Leben lang. *Wie du als Mutter handelst, definiert die Tage deiner Kinder.* Dein Verhalten beeinflusst sie Tag für Tag, so lange sie leben. Aller Augen ruhen auf dir, Catherine. Vergiss das nie«, merkte er ernst an und reichte mir den Zettel, der in seinem Gewand verborgen gewesen war wie ein Schatz. Auf dem Papier stand geschrieben:

Kleine Augen ruhen auf dir,
sie beobachten dich Tag und Nacht.
Kleine Ohren nehmen rasch
jedes Wort auf, das du sagst.
Kleine Hände tun begierig alles,
was auch du machst.
Und ein kleines Kind träumt von dem Tag,
an dem es so sein wird wie du.

Du bist das Vorbild des Kleinen.
Du bist die Klügste der Klugen.
In diesem Köpfchen regt sich nie
der geringste Zweifel an deiner Person.
Er glaubt ergeben an dich,
glaubt alles, was du sagst und tust.
Er wird alles wie du sagen und tun,
wenn er einmal erwachsen ist wie du.

Der kleine Knirps mit seinen aufgerissenen Augen
glaubt, dass du immer recht hast.
Und seine Augen sind immer offen,
und er beobachtet Tag und Nacht.
Du bist ein Beispiel für den Kleinen,
bei all deinem täglichen Tun,
denn er will, wenn er groß ist,
einmal so sein wie du.

Unbekannter Verfasser

Tränen liefen mir übers Gesicht, als ich das Gedicht zu Ende gelesen hatte. Ich war zutiefst berührt von dem, was da stand, und von der Tiefe des Gefühls, das in diesen Worten zum Ausdruck kam. Julian hatte ja so recht, wenn er von der »Macht der Worte« sprach und mir riet, die meinen achtsam zu wählen. In dem Moment wurde mir klar, wie es edel war, meine Familie anzuleiten und eine Mutter von Weltrang zu werden. Vielleicht war es ja sogar *heroisch!*

Alle Väter und Mütter, die Zeit finden, nach einem langen Arbeitstag und den abendlichen häuslichen Pflichten ihren Kindern noch etwas vorzulesen, sind in gewissem Sinn Helden. Alle alleinerziehenden Mütter und Väter, die unter schwierigen Umständen ihren »Mann oder ihre Frau stehen« und zum Wohl ihrer Kinder aus Widrigkeiten Chancen machen, indem sie ihr Heim zu einem Hort des Lernens, der Anleitung und der Liebe machen, sollten wir gewissermaßen als Helden betrachten. All diesen Menschen, die sich entscheiden, ihren Kindern nur ihr Bestes zu geben – egal wie schwierig es ein mag –, steht es zu, gewürdigt, respektiert und vielleicht sogar verehrt zu werden.

Als wir heranwuchsen, hatte Julian einmal zu mir gesagt, dass ich in meinem Leben eine grundsätzliche Wahl treffen müsse: Ich könne die Dunkelheit verfluchen oder ich könne eine Kerze entzünden. Kürzlich stolperte ich zufällig über einen Ausspruch von Plato, der sich zu dieser Auffassung so äußerte: ›Wir können einem Kind leicht vergeben, das sich vor der Dunkelheit fürchtet; wahrhaft tragisch ist, wenn Erwachsene sich vor dem Licht fürchten.‹« Es wurde mir klar, dass ich – vielleicht zum ersten Mal in meinem Leben – zu einem Licht würde, wenn ich in meiner Familie Führungskompetenz an den Tag legte. Ich würde ein guter Mensch sein. Ich würde als Mensch wachsen. Und ein Held sein. In dem Moment auf der sonnigen Veranda, auf der ich so viele herrliche Tage mit der Familie verlebt hatte, wurde mir klar, dass mein bestes Werk darin bestand, meine beiden wunderbaren Kinder zu anständigen, mitfühlenden und starken Menschen zu erziehen. Und mit dieser Erkenntnis ging mir das Herz auf wie nie zuvor.

* * *

Ich schaute auf, um Julian zu danken, aber er war nirgends zu sehen. Plötzlich fühlte ich mich allein gelassen. Ich suchte im Wohnzimmer nach ihm und dann in der Küche – kein Julian. Ich ging nach draußen auf den weitläufigen Rasen vor dem Haus, aber auch hier war keine Spur von meinem Bruder. Ich machte mir langsam Sorgen. Ich ließ meinen Blick über den See schweifen – und war perplex, was ich da zu sehen bekam. Dort, auf halber Höhe der Boje, mitten im Wasser, war Julian. Er hatte sein Gewand am Ufer liegen lassen und schwamm wie ein Wilder – wie er es als Junge getan hatte, wenn nach Schulschluss die Sommerferien anfingen und wir an den See fuhren, um zum ersten Mal dort zu baden. Und als ich genauer hinsah, konnte ich sehen, dass er lächelte. Und als ich genauer hinhörte, vernahm ich, dass er etwas sang. Es war das Lied, das meine Mutter uns Kindern beim Einschlafen immer vorgesungen hatte.

Die dritte Meisterschaft einer Führungspersönlichkeit in der Familie

Sein Kind auf Grösse, nicht auf Schwäche ausrichten

Weit weg im Sonnenschein befinden sich meine höchsten Ziele. Vielleicht erreiche ich sie nicht, aber ich kann nach oben schauen und sehen, wie schön sie sind, an sie glauben und versuchen, sie zu verfolgen.

Louisa May Alcott

Die größte Gefahr für die meisten von uns ist nicht, dass wir uns zu hohe Ziele setzen und sie nicht erreichen, sondern dass unsere Ziele zu niedrig liegen und wir sie erreichen.

Michelangelo

Der Regen prasselte auf das Dach meines Autos, als ich in das unterirdische Parkhaus des Nationalmuseums für Kunst und Geschichte fuhr; Julian wollte mich an diesem verregneten Nachmittag dort treffen. Unser Tag im Cottage war genau zwei Wochen her, und seine Lehren hatten bereits zu beachtlichen Durchbrüchen in meiner Rolle als Mutter geführt – und in meinem Verhalten als Mensch. Die Neuronenleitungen, die meine Gedankengänge zuvor bestimmt hatten, hatten sich zu neuen täglichen Ansichten, Aussichten und Einsichten formiert. Ich war nun noch besser gelaunt zu Hause und noch glücklicher, wie sich unser Leben entfaltete.

Da ich die Kinder nun anders anleitete, und dank meiner wiederentdeckten Liebe zu Jon, nahm unser Familienleben eine fast schon spirituelle Qualität an, die neue Dimensionen eröffnete. Indem wir unsere Beziehungen vertieften, kamen vermutlich in uns schlummernde persönliche Talente zum Vorschein. Da wir in unserem Heim nun Respekt, Vertrauen und Wahrheit zu schätzen wussten, fühlte sich ein jeder freier, seine besonderen Gefühle und Talente zu zeigen.

***

Ich hatte neulich eine Studie von Wissenschaftlern der Universität von Nebraska gelesen, die besagte, was die glücklichsten Familien auf dieser Welt ausmacht. Die Studie fand eine Reihe gängiger Merkmale heraus. Als Erstes bemühten sich die glücklichsten Familien, ihrem Leben zu Hause den höchsten Stellenwert einzuräumen. Um Julians Worte zu verwenden: Sie erkannten, dass »Führungskompetenz im Leben mit Führungskompetenz zu Hause beginnt«. Zweitens: Die Familienmitglieder zeigten offen ihre Gefühle füreinander. Auch hier hatte Julian wieder den Nagel auf den Kopf getroffen mit seinem Rat in Sachen »menschliche Momente« sowie der Bedeutung des Mitgefühls innerhalb der Familienkultur. Drittens: Die Wissenschaftler fanden heraus, dass alle Angehörigen der glücklichsten Familien respektierten, wie wichtig positive Kommunikation ist. Wie Julian mir geraten hatte, glaubten diese Familien, dass es darauf ankam, zuzuhören und häufig ehrlich miteinander zu diskutieren. Und viertens: Man stellte fest, dass diese Spitzenfamilien viel Zeit miteinander verbrachten. Wie Julian gesagt hatte, ging es nicht nur darum, beim Aufbau eines bereichernden Familienlebens eine qualitativ gute Zeit miteinander zu verbringen; es galt auch, die *quantitativ* richtige Menge an Zeit zu berücksichtigen.

Die Studie ergab außerdem, dass eheliches Glück eine große Rolle für das generelle Wohlbefinden der Familie spielt. Wenn die Eltern eine liebevolle, anerkennende Beziehung führten, war die Familie als Einheit oft auch liebevoller. Und jedes Familienmitglied legte mehr Respekt für die Bedürfnisse des anderen an den Tag. Kam ein Ehepaar gut zurecht, kam auch die Familie gut zurecht.

Doch als ich durch Julian animiert immer mehr über erfolgreiche Familien las, wurde mir langsam klar, dass heutige Familien einen Wandel durchlaufen haben. Ich las von alleinerziehenden Vätern, die großartig mit ihrer Rolle zurechtkamen und nette Kinder großzogen. Ich erfuhr von engagierten Single-Müttern, die untertags ihren anstrengenden Job im Griff hatten und abends noch für ihre Kinder ein gemütliches Zuhause schufen – sogar noch, wenn ihnen von Kopf bis Fuß so ziemlich alles wehtat. Ich stellte fest, dass immer mehr Großeltern aus unterschiedlichen Gründen zu den wichtigsten Bezugspersonen ihrer Enkel wurden und ihre Sache außerordentlich gut machten. Ich hatte Gelegenheit, wieder Kontakt mit einer Bekannten von der Wirtschaftsfakultät aufzunehmen, einer Frau, die gerade eine schmerzliche Scheidung hinter sich gebracht hatte und nun ihre drei Kinder allein großzog. Sie war im Lauf der Zeit zu dem Schluss gekommen, dass sie trotz ihres pflichtenreichen Tages und der vielen Anforderungen noch nie ein so erfülltes Leben geführt hatte.

Als ich tiefer schürfte und mir der Organisation, die wir gemeinhin als ›Familie‹ bezeichnen, bewusster wurde, begriff ich auch, dass diese ehrenwerte Institution sich ebenso dramatisch veränderte wie jede andere Organisation auf Erden. Das traditionelle Vater-Mutter-Modell, bei dem der Vater außer Haus und die Mutter daheim arbeitet, ist nicht mehr die Norm. Je mehr ich mich umschaute, desto mehr fielen mir Hausmänner auf, die mit ihren Kindern nachmittags im Supermarkt einkauften. Mir stachen auch die vielen anderen engagierten Managerinnen ins Auge, die – wie ich – beschlossen hatten, ihr Büro nach Hause zu verlegen, sowie fortschrittliche Väter, die sich ein paar Jahre frei genommen hatten, um ihre Kinder zu erziehen. Ich sah Patchwork-Familien, von der Nachbarschaft beneidet, und Großfamilien aus mehreren Generationen, bei denen abends die Kinder, Eltern und Großeltern am Tisch saßen – wobei viel gelacht und Zuneigung gezeigt wurde. Die positive Nachricht der heutigen Zeit war nicht nur der Aufschwung der New Economy, ermöglicht durch Hightech-Firmen und die neue Geschäftskultur. Es galt auch, den Aufstieg der neuen Familie – inklusive ihres Wandels und ihrer mit der Tradition brechenden Lebensweisen – anzuerkennen, die offensichtlich im Begriff war, unsere Kultur neu zu prägen.

* * *

Im Lift vom Parkplatz ins Museum hinauf schweiften meine Gedanken zu meinen Eltern ab. Mein Vater war talentiert; sein Ehrgeiz hatte ihn auf den Gipfel der Juristerei geführt, und durch sein großes Herz stand er bei mir an erster Stelle. Meine Mutter war eine hervorragende Schriftstellerin; sie liebte die Kunst fast so sehr wie ihre Kinder. Als ich heranwuchs, meinte ich immer, dass sie Julian bevorzugte. In den letzten Jahren vor ihrem Tod sagte sie mir allerdings, das sei nie der Fall gewesen. Sie liebte uns beide gleich stark, und wenn Julian auch kaum von ihr sprach, so wusste ich doch, dass er sie ebenso vermisste wie ich. Jemand sagte einmal zu mir: »Wenn du deine Kinder großzieht, ziehst du eine Generation groß.« Ich konnte mich glücklich schätzen, so tolle Eltern zu haben, die – wie mir jetzt bewusst wurde – zu Hause enorme Führungskompetenz bewiesen hatten. »Sie hatten einer Generation einen erstklassigen Senkrechtstart ermöglicht«, ging es mir durch den Kopf.

Als sich die Aufzugtüren öffneten, betrat ich das Hauptfoyer des Museums. Ich war schon immer gern dort wegen der atemberaubenden Picassos und der imposanten Statuen. In letzter Zeit besuchte ich das Museum mit Porter und Sarita an so vielen Wochenenden wie möglich. Jon stieß nach seinem Besuch im Fitnessstudio zu uns – dieses Programm hatte er sich im Rahmen unseres Vorhabens, unser Leben zu bereichern und den Kindern ein gutes Vorbild abzugeben, angewöhnt. Ich wusste, wie wichtig es war, dass die Kinder Kunst angemessen zu würdigen lernten. Daher wollte ich ihnen so viele großartige Werke wie möglich zeigen. Ich wusste, der positive Effekt würde sich irgendwann einstellen.

Julian hatte mich gebeten, ihn im Michelangelo-Saal zu treffen. Ich wusste, dass er viel über das Leben dieses großen Künstlers gelesen hatte und er ihn wegen seiner herausragenden Fähigkeiten, die sich in seinem Werk zeigten, schätzte. Ich betrat den Saal und hielt nach einem großen, auffallend gutaussehenden Mann in einem leuchtend roten Gewand Ausschau, doch Julian war nirgends zu sehen. Meine einzige Gesellschaft war eine kleine Gruppe von Touristen, die jemand durch die Ausstellung führte. Ich beschloss, mich auf die Holzbank zu setzen und die Exponate auf mich wirken zu lassen, während ich auf meinen Bruder wartete. Zu dem Prozess, mein Leben einfacher zu gestalten, gehörte, mit der lebenslangen Angewohnheit zu brechen, jeden Augenblick mit hektischem Aktionismus zu füllen. Ich kam mittlerweile besser damit zurecht, mir Zeit für mich selbst zu nehmen, um einfach die profanen, aber dennoch schönen Momente im Leben auf mich wirken zu lassen – zum Beispiel das Schimmern einer Spinnwebe nach einem Gewitter oder das Tanzen der Sterne am Himmel in einer stillen, wolkenlosen Nacht. Manchmal ermunterte mich Jon, mir eine Stunde Zeit zu gönnen, um in dem herrlichen Antiquariat in Laufweite von unserem Haus zu stöbern oder in den öffentlichen Park zu gehen, der an unser Grundstück angrenzte.

Diese ruhigen Augenblicke in meinem Leben liebte ich nun ebenso sehr wie die Zeiten mit meiner Familie, in denen es laut und lustig zuging. Emerson sagte einmal: »Ohne ein reiches Herz ist Wohlstand ein hässlicher Bettler.« In all den Jahren, in denen ich hinter Geld herjagte und Unsummen verdiente, war mein Herz nicht reich. Doch dank all meiner inneren Arbeit verfügte ich nun über ein reiches Herz.

Während ich die Marmorstatuen in dem Saal bestaunte, hörte ich den Erklärungen des Museumsführers zu. Mir fielen seine profunden Kenntnisse auf und wie leidenschaftlich er sich über die Meisterwerke in diesem Museum äußerte. Ich war auch ein bisschen überrascht über seine Kleidung. Er hatte zwar die übliche Kluft eines Museumsangestellten an – ein weißes Hemd und eine schwarze Krawatte mit passender Hose –, doch thronte eine überdimensionale Baseball-Mütze auf seinem Kopf, und wegen des weißen Schirms konnte ich sein Gesicht kaum erkennen. Ich hatte Studenten in Florida gesehen, die solche Kappen in den Frühlings-Semesterferien trugen, um sich vor einem Sonnenstich zu schützen, während sie am Strand herumgammelten und fässerweise Bier tranken. Ich fand, dass der Museumsführer irgendwie seltsam aussah, aber keinem schien seine unpassende Kleidung aufzufallen. Vielleicht meinten die Touristen ja, er sei für seine Tätigkeit normal gekleidet, und planten, sich nach der Führung eine ähnliche Mütze zu kaufen.

Der Mann redete weiter und die Touristen hörten pflichtbewusst zu. Keiner von ihnen stellte eine Frage. Dann, mitten im Satz, tat der Angestellte etwas, das mich zum Lachen brachte. Er griff in seine Hosentasche und holte einen gigantischen Hotdog heraus, den er dort hineingezwängt hatte. Während er ihn verspeiste, hatte er die Unverfrorenheit, mit seiner Lektion über Michelangelos Werk und dessen Einfluss fortzufahren – wobei ihm dauernd ein paar Brocken Essen aus dem Mund fielen.

Plötzlich zog eine ältere Dame weiter hinten in der Gruppe ein Glas Dijon-Senf samt Löffel aus der Tasche und ging auf den Museumsführer zu. Ohne ein Wort schmierte sie ihm üppig Senf auf seinen Hotdog. Der Angestellte sagte nichts, und die Gruppe schien von all dem keine Notiz zu nehmen. Nachdem die Dame ihre kleine Handreichung beendet hatte, kehrte sie wieder an ihren Platz in der Gruppe zurück und der Mann setzte seinen Vortrag fort, wobei er seinen Hotdog verdrückte. Die ganze Szene hatte etwas Surreales – wie aus einem seltsamen Film, den man sich mitten am Morgen in schwarz-weiß anschaut, wenn die restliche Welt noch schläft. Aber ich wollte mich nicht einmischen. Ich schickte ein Stoßgebet gen Himmel, dass Julian endlich auftauchen möge.

»Allen großen Bildhauern schwebt ihr Kunstwerk vor ihrem geistigen Auge, bevor sie zum Werkzeug greifen«, fuhr der Museumsführer fort, wobei ihm der Senf von der Unterlippe tröpfelte. »Sehen Sie, meine Damen und Herren, alles im Leben wird zweimal geschaffen: Zuerst, wenn wir davon träumen, und dann, wenn wir es in die Tat umsetzen.«

Mann, der Typ ist gar nicht so übel, ging es mir durch den Kopf. Kein Wunder, dass das Museum ihm gestattet, sich so zu kleiden und aufzuführen.

»In Ihrem Leben«, fügte er hinzu, wobei er nun aus der anderen Hosentasche einen Müsliriegel zog und daran knabberte, »können Sie ebenso eine zwingende Vision auf dem Bildschirm Ihrer Imagination schaffen und dieses Ideal dann auch leben.«

»Halt, Moment mal!«, sagte ich laut – ich konnte mich nicht mehr bremsen. »Diese Worte habe ich schon einmal gehört«, rief ich und begann langsam, zwei und zwei zusammenzuzählen. »Diese ganze Szene ist viel zu absurd, als dass sie real sein könnte. Da frage ich mich doch, ob das nicht ein Streich ist, so ein kindischer kleiner Streich, den mein kindischer Bruder, der den Leuten schon seit seiner Jugendzeit gern mitspielt, sich hat einfallen lassen.«

Im ganzen Saal herrschte Stille. Die Touristen waren entsetzt. Schließlich sagte doch jemand etwas – es war die Frau mit dem Senf.

»Verzeihung, Madam«, sagte sie und sah mir in die Augen, »aber wovon zum Teufel reden Sie?«

»Das Ganze ist ein Scherz, nicht wahr?«, insistierte ich. »Julian hat mich hier antanzen lassen, und Sie alle sind vermutlich Bekannte von ihm, die einen auf Touristen mimen. Stimmt's? Ich bin Ihnen auf die Schliche gekommen. Die Überraschung ist vorbei. Aber gut gemacht – Sie haben mich wirklich eine Weile an der Nase herumgeführt«, sagte ich, applaudierte und zwang mich zu einem Grinsen.

Niemand sagte ein Wort.

Dann meinte der Führer: »Ich rufe jetzt lieber das Sicherheitspersonal. Wir haben hier wohl ein kleines Problem, meine Damen und Herren«, bemerkte er und griff nach einem roten Telefon an der Wand inmitten der Statuen.

Ich wurde nervös, Zweifel packten mich. Vielleicht war das ja gar keiner von Julians berühmten Scherzen. Du meine Güte, dachte ich, was ist, wenn diese Leute hier wirklich Touristen sind und dieser Mensch autorisiert ist? Schweiß stand mir in den Achseln. Ich atmete schneller. Im Michelangelo-Saal war es plötzlich total heiß. Dann fasste ich mich und hatte den Mut, auf die kleine, ruhige Stimme in mir zu hören, die mir sagte, Julian müsse bei diesem seltsamen Spektakel irgendeine Rolle spielen. Ich *musste* einfach recht haben.

Mit neuem Selbstvertrauen ging ich zu dem Museumsführer hinüber und riss ihm die Baseball-Mütze herunter. Die Gruppe wirkte entsetzt. Ich fing an zu lachen. Klar, das war Julian.

»He, Schwesterherz, kann ein Mann nicht mehr in Frieden seinen Hotdog essen?«, röhrte er und brach in polterndes

Gelächter aus. Die »Touristen« amüsierten sich nicht minder und lachten schallend, wobei sie und Julian die Handflächen aneinanderklatschten.

»Wir haben sie an der Nase herumgeführt, Mr. Mantle!«, brüllte die Dame mit dem Senf. »Wir haben sie wirklich an der Nase herumgeführt!«

Julian umarmte mich stürmisch und drückte mich an sich, wobei er immer weiterlachte. »Wir haben dich wirklich eine Weile gefoppt«, flüsterte er mir ins Ohr.

»Meine Damen und Herren«, sagte er an die Gruppe gewandt, wobei er einen englischen Mimen imitierte, »ich stelle Ihnen hiermit meine kleine Schwester Catherine vor.«

Die Gruppe jubelte, applaudierte wie wild und war offensichtlich von Julians Show begeistert.

»Danke für eure heutige Mithilfe, Leute«, sagte Julian herzlich.

»Wer sind die alle?«, fragte ich meinen Bruder.

»Diese netten Leute hier sind alle Schauspieler. Sie gehören der Fernbrook Society an.«

»Du meinst die Theatertruppe, die in diesem Jahr alle bedeutenden Preise abgeräumt hat?«

»Ja. Sie sind echt gut, nicht? Ich habe in meiner Zeit als Anwalt einmal einen wichtigen Prozess für sie gewonnen – eines der Hollywood-Studios hatte versucht, ihnen eine Idee zu klauen, um sie für einen Film zu verwenden. Ich beschloss, sie heute um eine kleine Gegenleistung zu bitten.«

»Immer gern, Mr. Mantle«, erwiderte die Senf-Dame huldvoll – offensichtlich die Chefin der Truppe.

Als die Schauspieler aus dem Saal strömten, schüttelten sie Julian die Hand und klopften ihm auf den Rücken, wohl um ihre Hochachtung auszudrücken. Innerhalb von Sekunden war der Saal leer, bis auf Julian und mich.

»Das muss ich dir lassen, Julian. Du ziehst noch immer die perfekte Show ab.«

»Danke, Catherine«, erwiderte er mit einem breiten Grinsen. »Wir müssen alle hin und wieder auf die Pauke hauen.«

»Sag mal, was ist mit deinem Gewand? Das ist das erste Mal, dass ich dich ohne sehe.«

»Es ist in der chemischen Reinigung.« Julian lachte und strahlte energiegeladen.

»Nun gut, warum sind wir also hier?«, fragte ich und kam endlich zur Sache. »Mit unserem Treffen hat es doch bestimmt mehr auf sich als nur den Streich, den du mir gerade gespielt hast.

Übrigens, du hast mir ganz schön Herzklopfen bereitet. Du hast mich ja schon öfter in Aufregung versetzt, aber das war sicher einer von deinen besten Streichen.«

»Ja, der war schon recht lustig, nicht?«, meinte Julian und kicherte noch immer. »Danke, dass du so toll mitgespielt hast. Aber du hast recht, Catherine, ich möchte dich heute noch etwas lehren. Es ist die *dritte Meisterschaft einer Führungspersönlichkeit in der Familie* und sicher eine der wichtigsten.«

»Und diese dritte Meisterschaft wäre?«, wollte ich erwartungsvoll wissen.

»Die dritte Meisterschaft einer Führungspersönlichkeit in der Familie ist, *seine Kinder auf Größe auszurichten, nicht auf Schwäche.*«

»Mann, das klingt auch wieder gut.«

»Und ist entscheidend für die Entwicklung deiner Kinder zu Führungspersönlichkeiten und anständigen Menschen. Bei der dritten Meisterschaft geht es darum, Porters und Saritas Stärken zu erkennen und sich auf diese Talente zu konzentrieren, damit sie sich entfalten und entwickeln können. Weißt du, Catherine, *die meisten Menschen verbringen mehr Zeit damit, sich auf ihre Schwächen zu konzentrieren anstatt auf ihre Stärken. Und das Ergebnis ist, dass die meisten Leute sich nie mit ihrer wahren Größe verbinden, die zu entdecken eigentlich ihre Pflicht wäre.*«

»Hat denn jeder das Potenzial zu etwas Großem in seinem Leben?«

»Jeder«, lautete die unmissverständliche Antwort. »Wie ich dir ja schon sagte, sind wir alle aus einem besonderen Grund hier auf Erden. Wir alle haben der Welt etwas Spezielles zu geben, auf unsere einzigartige Art und Weise. Deine Aufgabe als Mutter ist es, die besonderen Stärken deiner Kinder und ihre Talente zu pflegen, damit sie als Menschen brillieren können und auf der Welt das bewirken, wozu sie bestimmt sind.«

»Weißt du, Julian, was du sagst, ergibt absolut Sinn. Ich habe gemerkt, dass ich zum Beispiel im Beruf so eine Art Hans Dampf in allen Gassen sein wollte. Sowohl in Sachen Kommunikation als auch in der Verwaltung wollte ich super sein. Ich wollte eine Führungspersönlichkeit mit Visionen sein und eine hervorragende Controllerin auch noch. Bei allem in der Firma nahm ich mir vor, gut zu sein, und das Ergebnis war dann, dass ich nichts wirklich beherrschte.«

»Genau – es ist fast, als hättest du deiner Persönlichkeit zum Trotz Erfolg, Catherine. Aber die meisten Menschen haben dieses Glück nicht. Sie versuchen, zu viele Dinge gleichzeitig zu tun, und machen dann letztendlich gar nichts. Der wahre Schlüssel liegt in der *Spezialisierung*.«

»Spezialisierung?«

»Ja, um eine effiziente Führungspersönlichkeit zu werden und auf dem Spielfeld des Lebens Großes zu leisten, sollte man kein Alleskönner sein wollen und versuchen, jedem Menschen alles zu sein. Sämtliche Genies, die je unsere Erde zierten, hatten eines gemeinsam: Sie konzentrierten ihr Dasein darauf, die Talente zu pflegen, die sie zu etwas Besonderem machten. Nimm zum Beispiel Einstein. Er stellte fest, dass er äußerst begabt in der Physik war, und verfeinerte dieses Talent dann sein restliches Leben. Er verlegte sich nicht auf Biologie oder Chemie. Er spezialisierte sich auf seinem Hauptgebiet. Und weil er bei dem blieb, was er am besten konnte, und sich Jahr für Jahr seiner Meisterschaft widmete, erreichte er schließlich wirkliche Größe als Mensch.«

»Fallen dir sonst noch irgendwelche Beispiele ein, Julian?«

»Nun, ich weiß, dass dir früher Rockmusik gefallen hat. Wie wäre es also mit dem besten Gitarristen aller Zeiten – Jimi Hendrix. Jimi wurde sich seiner außergewöhnlichen Begabung an der Gitarre bewusst. Anstatt also gut am Schlagzeug und an der Trompete zu werden, widmete – nein, weihte

– er sein Leben der Meisterschaft in diesem Talent. Sein restliches Leben verbrachte er vor allem damit, diese Leidenschaft weiterzuentwickeln. Wie bei Einstein war dann schließlich die Zeit reif und er wurde berühmt.«

»Aber hast du mich nicht immer gelehrt, es sei wichtig, ausgewogen an das Leben heranzugehen? Ich meine, diese Art, sich voll und ganz der Entwicklung seiner Talente zu verschreiben, klingt mir recht extrem«, entgegnete ich ernst und in Julians Ausführung vertieft.

»Hervorragender Punkt, Catherine. Dein Verstand beeindruckt mich immer wieder. Aber wenn ich einen Vorschlag machen dürfte.«

»Sicher.«

»Höre mehr auf dein Herz. Weißt du, der Verstand denkt, aber das Herz weiß es immer genau.«

»Was soll das heißen?«

»Die meisten Menschen denken zu viel und fühlen zu wenig. Höre mehr auf dein Herz. Verbinde dich mit deiner inneren Weisheit. Wenn du auf dieses kleine Stimmchen tief in dir hörst, dann weißt du, wie du richtig lebst. Ja, viele Genies führen ein Leben, das sich nur als extrem charakterisieren lässt. Aber letztendlich ist allen von uns das Schicksal vorbestimmt. Bei Einstein und Hendrix war diese Hingabe an ihre persönlichen Talente für ihren Werdegang notwendig. Für die meisten Menschen reicht es, ihre besten Talente zu verfeinern, um den verdienten Erfolg zu erlangen. Blicke tief in dein Herz, um zu erkennen, was du für deinen Lebensweg tun musst.«

»Ich weiß schon, was ich tun muss, Julian. Ich bin mir fast sicher, dass es mein Weg ist – zumindest in naher Zukunft – Porter und Sarita eine inspirierende Mutter zu sein, damit sie zu klugen, anständigen, starken und erfolgreichen Erwachsenen heranreifen. Meine Karriere ist mir noch immer wichtig, aber ich habe in den letzten paar Jahren mehr erreicht als andere in ihrem ganzen Leben – und ich bin dankbar dafür. Jetzt spüre ich, dass es an der Zeit ist, mich vor allem meinen Kindern zu widmen.«

»Ich weiß, das ist der dir bestimmte Weg«, erwiderte Julian. »Und ich weiß das schon seit geraumer Zeit«, fügte er geheimnisvoll hinzu. »Und deshalb ist die dritte Meisterschaft einer Führungspersönlichkeit in der Familie so wichtig für dich. Lenke Porter und Sarita dahin, sich in ihrem Leben um Größe zu bemühen, anstatt sich von ihren Schwächen verzehren zu lassen. Eine deiner Hauptaufgaben als Führungspersönlichkeit in der Familie ist, deine Kinder anzuleiten, ihre grundlegenden Kompetenzen zu würdigen – was die Weisen als ›besondere Stärken‹ einer Person und als ›wahre Talente‹ bezeichnet haben. Und inspiriere sie dann, diese Funken zu einem lodernden Feuer zu schüren, das so hell leuchtet, dass die ganze Welt es sehen kann.«

»Aber zu erwarten, dass Porter und Sarita so genial und berühmt wie Einstein, Jimi Hendrix oder Michelangelo werden sollen, wäre ja wohl eine zu große Bürde auf ihren Schultern, oder nicht? Ich meine, dann würden sie wahrscheinlich scheitern. Ich glaube nicht, dass ich jemandem solchen Druck machen möchte.«

»Du hast den springenden Punkt nicht verstanden, Catherine«, bemerkte Julian liebevoll. »Ich habe nicht gesagt, dass du deine Kinder so erziehen sollst, dass sie bei allem, was sie tun, und durch die Art, wie sie leben, zu den Besten der Welt werden sollen. Ich sage einfach nur, dass sie inspiriert werden wollen, um so gut zu werden, wie sie eben können. Du musst sie anleiten, ihre höchsten Talente zu erkennen und das bestmögliche Leben zu führen. Tust du das, hast du deine Mission als Mutter erfüllt.«

»Das haben die Weisen dich gelehrt?«

»Ich habe dir ja gesagt, Catherine, dass diese Menschen unglaubliche Denker waren. Und wirklich fortschrittliche Leute, das möchte ich noch hinzufügen. Sie glaubten nicht, dass wahre Erfüllung im Leben sich einstellt, wenn man den ganzen Tag auf einem Berggipfel meditiert. Aber sie glaubten sehr wohl, wir sollten jeden Tag eine Zeit der Stille und Reflexion einplanen, und dass wirklicher Erfolg sich einstellt, wenn wir unser menschliches Potenzial befreien und unsere besten Talente zum Wohle aller entwickeln. *Sie waren überzeugt, dass der Zweck des Lebens letztendlich darin besteht, unsere hervorragendsten Talente so in die Tat umzusetzen, dass die Welt wertvoller und besser wird.* In dem Zusammenhang fällt mir Albert Schweitzer ein. Für ihn vollzog sich etwas Göttliches, wenn das persönliche Talent die Bedürfnisse des Universums erfüll.«

»Diese Weisen waren wirklich bemerkenswert«, murmelte ich ergriffen.

»Allerdings. Und deshalb lege ich dir nahe, in ihre Fußstapfen zu treten und als eine deiner Prioritäten Porter und

Sarita zu helfen, ihre persönlichen Stärken zuerst zu entdecken und dann zu vervollkommnen, bis sie eines Tages persönliche Größe erreichen. Sie werden als Menschen so einzigartig und außergewöhnlich sein, dass sie weit aus der Masse herausragen.«

»Aber sind sie dafür denn nicht noch zu klein?«, fragte ich pragmatisch wie immer.

»Mitnichten«, kam sofort die Antwort. »Die besonderen Stärken und wahren Talente deiner Kinder herauszufinden fängt am ersten Tag an – wirklich. Es kann oft Jahre dauern, bis du endlich entdeckst, wofür sie begabt sind.«

»Selbst wenn Jon und ich die besonderen Stärken und wahren Talente unserer Kinder entdecken, bin ich mir dennoch nicht sicher, worin der nächste Schritt bestehen soll«, fuhr ich fort.

»Nachdem du diese Fähigkeiten entdeckt hast, solltest du deinen Kindern helfen, sich ihrer persönlichen Begabungen *bewusst* zu werden, damit sie begreifen, was sie als Menschen zu etwas Besonderem macht. Und dann gehst du bei diesem Prozess mit Jon in die Phase der Kultivierung über, während derer die Talente der Kinder sich entfalten und zu blühen beginnen. Wenn du deinen Kindern helfen willst, ihre besonderen Stärken und wahren Talente zu pflegen, bedeutet das auch, sie zu Veranstaltungen zu schicken oder zu ermuntern, gute Bücher zu lesen, damit sie ihre positiven Anlagen kontinuierlich verbessern. Doch der eigentliche Schlüssel ist, sie zu ermutigen, sich möglichst früh und möglichst lang auf ihre einzigartige Begabung zu konzentrieren.«

»Das stellt also die Kernaussage der dritten Meisterschaft dar – sein Kind auf Größe, nicht auf Schwäche ausrichten; wir Eltern sind aufgerufen, die besten Talente unserer Kinder zu fördern.«

»Ja«, erwiderte Julian entspannt. »Und deshalb habe ich dich auch gebeten, heute in diesen Saal zu kommen – in den Michelangelo-Saal. Michelangelo war ein sehr beeindruckender Mensch, wie ich festgestellt habe.«

»Jetzt sag bloß nicht, die Weisen haben dir auch dein gesamtes Wissen über Michelangelo beigebracht?«

»Nein, ich habe durch meine Lektüre von den Talenten dieses außergewöhnlichen Menschen erfahren. Und eines seiner Prinzipien als Künstler besagte, dass viele herausragende Meisterwerke zunächst nur rohe Marmorquader sind. Aber indem man täglich das Rohmaterial mit steter Hand und wachem Auge formt, verwandelt es sich unter endlosem Fleiß und ständiger Plackerei zu einem herrlichen Anblick, in ein wahres Kunstwerk eben.«

»Ein wahres Weltwunder«, fügte ich hinzu.

»Richtig. Michelangelo sagte einmal, dass ›der noch unbearbeitete Marmor die Form eines jeden Gedankens enthalte, den der größte Künstler hege‹. Aber der wahre Schlüssel zu seiner Größe war, wie ich meine, seine bemerkenswerte Fähigkeit, seine *Visionen umzusetzen.* Er war ein Mann der Tat. Er erkannte, dass es nicht genug ist, große Träume und große Gedanken zu haben. *Das Wesentliche beim Meistern des Lebens ist, alles Notwendige zu tun, um seinen Traum mit Leben zu erfüllen.*«

»Es ist, wie du vorhin gesagt hast – alles fängt mit einer Vision an; dann ist es Sache des Träumenden, diese Vision zu realisieren.«

»Ja, Catherine. Und diese Denkweise lässt sich auch auf deine Rolle als Mutter anwenden. Deine Kinder sind wie ein Marmorblock – mit rohen Talenten und reichem Potenzial. Aber du solltest sie wie eine große Künstlerin durch deine Anleitung formen und definieren.«

»Damit sie ein Leben führen können, zu dem sie bestimmt sind.«

»Richtig. Damit sie das bestmögliche Leben führen können.«

»Was für praktisches Werkzeug und welche Strategien hast du dazu für mich auf Lager, Julian?«

»Es geht vor allem um vier Aspekte. Die Weisen nannten sie *die vier Disziplinen der persönlichen Größe*. Vereinfacht ausgedrückt, handelt es sich um Folgendes: Widme dich täglich einer Vision, setze dir wöchentlich Ziele, orientiere dich immer wieder an den Giganten und sei großzügig.«

»Das klingt faszinierend. Haben nur die Kinder der Weisen sich in diesen vier Disziplinen geübt?«

»Nein, Catherine, jeder in der Gemeinschaft lebte nach diesen vier Tugenden. Sie waren in der Lage sich ständig weiterzuentwickeln, da sie sich an diese Tugenden hielten – bis sie sich schließlich selbst erkannten.«

»Ich weiß nicht recht, ob ich dir folgen kann, Julian. Willst du damit sagen, dass diese außerordentlich erleuchteten Menschen nicht einmal wussten, wer sie waren? Ich bin ein bisschen verwirrt.«

»Das ganze Leben ist eine Suche«, kam nach einem Augenblick stiller Reflexion die Antwort. »Erleuchtete Menschen wissen, der ganze Sinn und Zweck bei diesem Spiel hier ist, sein Leben lang nach seinem wahren Ich und seinem Hauptziel zu forschen. Es geht darum, sein *essenzielles Selbst* zu entdecken und dann auch zu verkörpern.«

»Dann sagst du also, der Zweck des Lebens sei, ›unsere besonderen Stärken‹ und ›wahren Talente‹ zu entdecken?«, fragte ich ernst.

»Das und vieles mehr. Die Begabungen zu entdecken, die einen als Mensch einzigartig machen, ist nur ein Aspekt. Das Spiel des Lebens läuft schließlich innerlich ab, sozusagen zwischen den beiden Ohren. *Wahre Erfüllung im Leben kommt nicht durch das Anhäufen von Objekten, sondern durch Selbstverwirklichung*. Im Leben geht es nicht darum, hübsche Gegenstände zu sammeln, wobei natürlich nichts gegen Besitztümer einzuwenden ist. Doch Materielles sollte nicht das Hauptmotiv im Leben darstellen. Wenn das der Fall ist, wenn jemand Zeit mit der Familie und für die Entwicklung der eigenen Persönlichkeit opfert, um hinter irgendwelchen Dingen herzujagen, dann endet er eines Tages in einem bedauernswerten Zustand. Schau, Catherine, aufgrund meiner Kämpfe und Tiefschläge habe ich erkannt, *dass sich Glück im Leben nicht einstellt, weil man etwas bekommt, sondern indem man existiert.*«

»Könntest du das ein bisschen ausführen, bitte? Ich habe nämlich fast jeden Tag über diesen Punkt nachgedacht. Es wäre prima, wenn du mir das näher erläutern könntest.«

»Klar. Ich will damit sagen: Wirkliche Lebensfreude entsteht, wenn man die Schichten einer Zwiebel immer weiter abschält.«

»Was? Ich hatte dich gebeten, mir etwas Erhellendes zu dem Thema zu sagen, nicht mich noch weiter ins Dunkel zu stoßen«, antwortete ich grinsend.

»Menschen sind wie Zwiebeln. In der Mitte ruht unser höchstes Selbst, derjenige, der wir wahrlich sind. Unsere erste Pflicht als Menschen ist es daher, jegliche notwendige innere Arbeit zu leisten – die einzelnen Schichten abzuschälen –, bis wir unser essenzielles Selbst entdecken – unser bestes Selbst. Das richtige Auto, das richtige Haus und die richtigen Klamotten zu besitzen ist völlig sinnlos, wenn du nicht einen Blick auf den Menschen erhaschst, der du sein könntest. *Höre also auf, im Leben immer mehr bekommen zu wollen, und versuche stattdessen, dem Leben mehr zu sein. Darin besteht dauerhaftes Glück.*«

»Aber ich dachte, für dich sei zu geben der eigentliche Lebenssinn – im Leben von anderen etwas zu bewirken, indem wir es bereichern?«

»Hervorragender Punkt. Du hast wirklich gründlich nachgedacht. Ich freue mich so, dass meine Zeit mit dir solche Früchte trägt. Ja, Catherine, der eigentliche Sinn des Daseins ist, die Welt für die Menschen, mit denen wir zu tun haben, zu einem besseren Ort zu machen. *Der Sinn des Lebens ist ein sinnvolles Leben. Aber um anderen Leuten wirklich etwas Wertvolles zu geben und einen möglichst guten Beitrag in der Welt zu leisten, solltest du zuerst herausfinden, wer du wirk-*

lich bist. Die meisten Menschen haben keinen Sinn für ihr essenzielles Selbst oder für ihren grundlegenden Charakter. Sie nehmen sich nie die Zeit, um tief in die DNA ihrer Existenz vorzudringen und herauszufinden, was sie wirklich antreibt. Die meisten trotten durchs Leben und reagieren nur auf das, was der Wind so daherweht. Wir nehmen an dem Spiel nie wirklich teil. Weise Menschen hingegen – wahre Führungspersönlichkeiten – verhalten sich ganz anders. Sie nehmen sich Zeit für sich und ihre Aktivitäten, und dazu gehört auch die innere Arbeit. Und auf diese Weise erkennen sie sich dann.«

»Alle Philosophen sagen das, nicht wahr?«, fiel ich ein. »Alle Aussagen im Stil von ›lerne dich kennen‹ und ›ein Leben, das nicht hinterfragt wird, ist nicht lebenswert‹.«

»Genau. Alle großen Denker dieser Welt haben erkannt, dass wir innere Arbeit leisten müssen, um herauszufinden, wer wir wirklich sind. Nur dann können wir uns ein großartiges Leben schaffen. Aber jetzt komm mit. Ich will dir hier im Museum noch etwas anderes zeigen.«

Julian packte mich an der Hand und zog mich in den Saal nebenan. Auf einem Schild am Eingang stand: »Die T.-S.-Eliot-Sammlung.«

»In diesem Raum befinden sich viele der berühmtesten Werke von T. S. Eliot. Ich war heute früh da und habe ein Zitat in einem der aufgeschlagenen Bücher gelesen. Es ist seine eigene Handschrift! Hier, lies das mal«, sagte Julian aufgeregt und deutete auf eine vergilbte Seite in einem alten Buch in einer Vitrine. Das Zitat lautete:

Wir werden nicht nachlassen in unserem Forschen, und das Ende unseres Forschens ist, an den Ausgangspunkt zu kommen, und zum ersten Mal den Ort zu erkennen.

Ich staunte über die Macht dieser Worte. Schließlich verstand ich, was Julian sagte. Ich meine, schließlich verstand ich es *wirklich*. Wir kommen perfekt auf die Welt. Alles, was wir brauchen, um ein glorreiches Leben zu führen, liegt nicht in Äußerlichkeiten. Es liegt im Inneren. Was Julian mir zu sagen versuchte, war, dass jeder, der in seinem Leben hinter materiellen Dingen herrennt, um als erfolgreich zu gelten, arg in die Irre geht. Am Ende des Weges wartet dann nicht das Glück, sondern das Elend. Mein Bruder vermittelte mir also auf seine unnachahmliche Art, dass *der Weg zu einem außergewöhnlichen Leben in der Erforschung des eigenen Selbst liegt, im Verständnis unserer besten Fähigkeiten und in der Einsicht, wer wir als Mensch wirklich sind. Mit diesem essenziellen Wissen können wir dann in die Welt hinausgehen und tun, wozu wir prädestiniert sind, und das Gute schaffen, das hervorzubringen wir auf Erden sind*. In dem Moment ging mir ein Licht auf. Etwas tief in meinem Inneren hatte schließlich klick gemacht. Es wurde mir klar, dass ich mich grundlegend ändern musste, wenn mein Leben sich grundlegend ändern sollte. Ich gelobte aus vollstem Herzen, nie mehr Stunden meines Daseins zu opfern, um begehrte Objekte zu *bekommen*. Ich versprach mir, dass meine Lebensperspektive von nun an sein sollte, der Mensch zu *werden*, der ich eigentlich sein konnte, wie ich ja wusste.

»Aber zurück zu den *vier Disziplinen der persönlichen Größe*«, sagte Julian gewohnt enthusiastisch.

»Die den Kindern helfen werden, das bestmögliche Leben zu führen«, fiel ich Julian ins Wort.

»Glaub mir, Catherine, diese vier Ideale werden auch *dir* helfen. Aber sicher, wenn du sie Porter und Sarita beibringst, bewirkt das einen grundlegenden Wandel in ihrem Verhalten und hilft ihnen, zu den Erwachsenen zu werden, von denen wir als Kinder alle träumen. Apropos träumen, ich gehe jetzt elegant zur ersten Disziplin über – sich täglich einer Vision widmen. Es geht vor allem darum, seine Phantasie zu gebrauchen, um unsere Gedanken zu realisieren.«

»Das klingt irgendwie esoterisch, Julian.«

»Also eigentlich ist es, wie so vieles in der Philosophie, das ich dir vermittelt habe, enorm praktisch. Bei der Disziplin, sich täglich einer Vision zu widmen, geht es um die Macht der Visualisierung und wie wir unser Verhalten verbessern können, indem wir auf dem Reißbrett unserer Phantasie mentale Schablonen von uns schaffen. Ich würde dir raten, wenn du einmal ein bisschen Zeit hast, das Buch *Peak Performers* von Charles Garfield zu lesen. Es handelt davon, wie Athleten bei der Olympiade Visualisierungen nutzen, um sich bisher ungeahnte Wettbewerbsvorteile zu verschaffen. Indem sie diese Technik regelmäßig anwenden, sind sie in der Lage, verborgene Reserven ihres Potenzials anzuzapfen und in ihrer Sportart Höchstleistungen zu erbringen. Mir fällt nicht ein Sportler von Rang ein, der nicht die Visualisierung als Trainingsbestandteil nutzen würde. Indem sie ihre Höchstleistungen vor ihrem geistigen Auge sehen und den Erfolg immer wieder mental proben, vernetzen sie ihr Gehirn so, dass der Erfolg sich im Wettbewerb tatsächlich einstellt.«

»Erstaunlich.«

»Das ist es allerdings. Aber hier nun mein Punkt: Wenn jeder Topathlet die Technik des kreativen Visualisierens nutzt, um eine Höchstleistung zu erzielen, warum sollten wir dann diese Technik nicht auch unseren Kindern vermitteln, damit sie ihr Potenzial voll ausschöpfen können?«

»Einverstanden. Wie kann ich das nun Porter und Sarita beibringen – oder sind sie noch zu klein dafür?«

»Ich kenne Dreijährige, die man in der Kunst des Visualisierens erfolgreich angeleitet hat. Außerdem sollten wir nicht vergessen, wer die besten Träumer der Welt sind.«

»Kleine Kinder?«

»Absolut. Beobachte doch einmal Drei- oder Vierjährige beim Spielen. Sie tun so, als würden sie den Mount Everest erklimmen oder auf dem Mond herumspazieren. Sie leben ihre Phantasien aus und beschränken ihr Handeln oder Sein überhaupt nicht. Seinen Kindern zu erklären, wie man visualisiert, bedeutet nur, ihnen eine formellere Struktur für ihre Träume an die Hand zu geben, als sie sowieso schon kennen.«

»Das klingt sinnvoll.«

»Das wusste ich. Und vergiss nie, was Aristoteles einmal bemerkte: ›Die Seele denkt nie ohne bildliche Vorstellung.‹«

»Faszinierend.«

»Ich würde dir nahelegen, Catherine: Gehe mit den Kindern alle ein bis zwei Wochen in den großen Park in der Nachbarschaft, und setzt euch dort unter eine der großen Eichen. Bitte sie, die Augen zu schließen und tief zu atmen. So beruhigen sie sich mental und werden lockerer; auf diese Weise können sich die aufkommenden Bilder tiefer verwurzeln.«

»Schön, und was mache ich?«

»Also, stell dir vor, wie du mit der neuen erhofften Fähigkeit oder Fertigkeit lebst. Ich gebe dir ein Beispiel.«

»Prima. Das kann ich gebrauchen.«

»Sagen wir einmal, du möchtest, dass die Kinder mutiger werden – also weniger ängstlich sind. Sobald sie unter dem Baum in einem entspannten Zustand sind, fordere sie auf, sich vorzustellen, wie sie mutig handeln. Ermuntere sie vielleicht, zu visualisieren, wie sie einen hohen Berg erklimmen. Du könntest ihnen auch vorschlagen, sich eine Szene vorzustellen, in der sie sich gegen den Klassenrowdy stark machen. Egal was, motiviere sie vor allem, ihre Phantasie spielen zu lassen und ihr Gehirn neu zu vernetzen, damit hemmende Ängste durch förderliche Stärken ersetzt werden können.«

»Könnte ich den Prozess des kreativen Visualisierens auch nutzen, um Porter bei seinen Klavierstunden zu helfen?«

»Aber selbstverständlich«, erwiderte Julian und legte den Arm um mich, als wir ins Hauptfoyer des Museums schlenderten. »Sag ihm in diesem Entspannungszustand, er solle sich vorstellen, wie er am Klavier im Wohnzimmer sitzt. Bring ihn dazu, die Szene plastisch zu visualisieren. Je lebhafter sein Bild davon ist, desto nachhaltiger ist das Ergebnis.

Es ist außerdem wichtig, dass er seine Gefühle mit in das Bild einbringt. *Was mit Emotionen besetzt ist, realisiert sich.* Gefühle treiben Handlungen an. Er sollte wirklich empfinden, wie er Klavier spielt und seine bestmögliche Leistung bringt. Lass ihn erfahren, wie es wäre, all die schönen Stücke, die er übt, ohne einen Fehler zu spielen. Ermutige ihn nachzuspüren, wie es wäre, wenn du, Jon und Sarita nach seinem ›Konzert‹ auf dem neu gewonnenen Niveau wie wild klatschen würdet. Gestatte ihm, sich seinem Glücksgefühl zu verbinden, das folgen wird, wenn sein Lehrer ihn lobt und ihm zu seinen gezeigten beachtlichen Fähigkeiten gratuliert.«

»Wie lange sollte so eine Visualisierung dauern, Julian?«

»Gute Frage. Bei Erwachsenen würde ich fast sagen, je länger, desto besser. Aber bei dem hektischen Leben der meisten ist eine Sitzung von 20 Minuten absolut in Ordnung. Bei Kindern können schon fünf Minuten helfen. Der springende Punkt ist, ihnen dieses Werkzeug an die Hand zu geben. Vermittle ihnen diese Möglichkeit, ihre Schwächen auszumerzen, ihr Verhalten zu verbessern und ihre Ängste besiegen zu können, um Großes zu schaffen. Zeige ihnen, dass sie später im Leben dank dieses Werkzeugs besser mit Schwierigkeiten fertigwerden, etwas Negatives zum Positiven wenden und Freude erfahren können, wo andere Schmerzen leiden. Es liegt dann bei ihnen, diese Technik zu beherrschen und sie später zu einem Bestandteil ihres Lebens zu machen.«

»Gut. Ich werde heute Abend im Internet suchen und mir ein paar Artikel zum Thema Visualisierung herunterladen. Ich will wirklich mehr über den Prozess erfahren und diese

Vorteile den Kindern vermitteln. Das ist eines meiner Ziele in diesem Monat.«

»Ach, schon wieder der perfekte Übergang zur nächsten Disziplin.« Julian lachte. »Das Universum sorgt wirklich vortrefflich für alles.«

»Wirklich?«

»Natürlich. Die zweite Disziplin der persönlichen Größe ist, sich jede Woche ein Ziel zu setzen. Zielsetzung ist eine wichtige Gewohnheit, die du bei deinen Kindern fördern solltest, Catherine. Klar definierte Ziele zu haben bringt viele Vorteile. Zuerst sorgt eine Zielsetzung wieder für die richtige Perspektive in unserem Leben – einem Dasein, das durch zu viele Optionen kompliziert geworden ist. In unserem Zeitalter gibt es einfach zu viel, das man zu einem bestimmten Zeitpunkt tun kann. Es gibt Unmengen Zerstreuungen, die um unsere Aufmerksamkeit buhlen. Ziele klären unsere Wünsche und helfen uns, uns nur auf für uns zielführende Aktivitäten zu konzentrieren. Da fallen mir die Worte von diesen wahnwitzigen Jongleuren ein, den Flying Karamazow Brothers: ›Es ist egal, wie man hinkommt, wenn man nicht weiß, wohin man überhaupt auf dem Weg ist.‹«

»Das ist wirklich gut«, bemerkte ich lächelnd.

»Wenn man sich klar definierte Ziele steckt, gibt einem das ein Grundgerüst an die Hand, um klügere Entscheidungen treffen zu können. Weiß man genau, wohin man will, fällt es einem leichter, seine Handlungen so zu wählen, dass man das dann auch schafft. Die Alternative ist, das Leben agieren zu lassen, wodurch man aber womöglich eine unerwünschte

Existenz führt. ›Wenn du nicht bekommst, was dir gefällt‹, bemerkte einmal George Bernard Shaw, ›dann muss dir eben gefallen, was du bekommst.‹ Wenn man sich seine Ziele aufschreibt, klärt das die Absichten und – wie du ja so gut durch deinen Erfolg mit BraveLife.com weißt – ist der erste Schritt, um eine Vision zu verwirklichen, diese zu definieren. Sich Ziele zu setzen bedeutet im Wesentlichen, dass deine Tage von deiner Mission im Leben bestimmt sind und nicht durch irgendwelche Launen.«

»Schön gesagt, Julian«, meinte ich aufmunternd.

»Ein weiterer Grund, weshalb Zielsetzung so entscheidend ist: Man ist für Chancen offen. Die Disziplin, sich seine persönlichen, beruflichen, gesellschaftlichen und spirituellen Ziele zu stecken und zu überdenken – am besten klappt das am Sonntagabend –, veranlasst den Verstand fast magnetisch, nach Chancen zu suchen, damit sich diese Ziele verwirklichen lassen. Ich habe auch festgestellt, dass ich mit einem Ziel vor Augen auf eine besondere Weise handle. Es fällt mir dann viel leichter, mich mit meinem inneren Feuer zu verbinden und die Quelle der Motivation anzuzapfen, die in uns allen vorhanden ist. Wenn ich mir Ziele stecke, wird mein Leben von dem Versprechen einer reicheren Existenz erfüllt. Egal wie schlimm sich das Leben eines Menschen in einem bestimmten Augenblick gestaltet, und egal wie traurig und enttäuscht sich jemand momentan fühlt, kann er seine Stimmung heben und sich viel besser fühlen, wenn er einfach ein Blatt Papier zur Hand nimmt und seine Träume aufschreibt. Setzt man sich lohnende

Ziele, ist das, als würde man eine schlummernde Leidenschaft in sich entfachen.«

»Wirklich?«

»Ja. Sich große, wichtige Ziele zu setzen erweckt die Leidenschaft in uns – eine Leidenschaft, die viele von uns unterdrücken, während wir älter und unsere Ansichten zynischer werden. Ziele zu haben, verbindet uns wieder mit den grenzenlosen Möglichkeiten der Kindheit, und es erinnert uns, dass wir nahezu all unsere Wünsche im Leben erfüllen können, solange wir unsere Ziele nur engagiert genug verfolgen. Wie Sheila Graham einmal sagte: ›Sie können alles haben, wenn Sie es nur mit aller Macht wollen. Sie müssen es nur mit einem Überschwang wollen, der aus allen Poren bricht und sich mit der Energie verbindet, die diese Welt geschaffen hat.‹«

»Das ist ein schönes Zitat. Ich würde mich liebend gern mit der Energie verbinden, die diese Welt geschaffen hat, Julian.«

»Glaub mir, meine kleine Schwester, genau diesen Prozess durchläufst du gerade«, antwortete Julian geheimnisvoll.

»Ach, und es gibt noch einen weiteren springenden Punkt, wenn man sich Ziele setzt: *nie die Baustelle seines Glücks zu verlassen, ohne Maßnahmen zu ergreifen, damit es sich weiterentwickelt.*«

»Hervorragender Punkt«, warf ich anerkennend ein. »Das ist eine der Regeln, die wir in BraveLife.com haben. Wenn jemand mit einer neuen Idee oder einer wichtigen Innovation kommt, muss derjenige daran arbeiten, um diese weiter zu entfalten. Es ist nicht genug, sie einfach nur aufs Tapet zu bringen. Das kann bedeuten, ein Telefonat zu führen, um herauszufinden, ob diese neue Idee sich realisieren ließe. Es kann bedeuten, einen Entwurf von einer Seite zu schreiben und mir dann vorzulegen. Es kann heißen, die Idee dem übrigen Team zu präsentieren. Der springende Punkt ist jedenfalls, die Idee ins Spiel zu bringen. Ihr Schwung zu geben. Sonst kommt dem Einfall das Leben in die Quere und er stirbt einen raschen Tod.«

»Da bin ich ganz deiner Meinung, Catherine. Jeder Mensch auf Erden kommt auf Ideen, die unser Leben revolutionieren könnten. Manche entscheiden sich dafür, diesen Ideen gemäß zu handeln; auf diese Weise schaffen sie dann ein tolles Leben. Andere unterdrücken sie – und geben sich mit dem Gewöhnlichen zufrieden.«

»Wenn man dir zuhört, klingt Zielsetzung wie ein Prozess von Zauberhand, Julian.«

»Als in Harvard ausgebildeter Anwalt verwende ich den Begriff ›Zauber‹ nicht gern. Aber ich weiß aus eigener Erfahrung, dass Zielsetzung Wunder wirkt. Es hat keinen Sinn, diese Disziplin deinen Kindern zu vermitteln, ohne sie selbst zu beherrschen. Klar, Porter und Sarita sind jetzt vielleicht noch zu klein für konkrete berufliche Ziele und dergleichen. Aber der springende Punkt ist, sie dem Prozess auszusetzen und sie erfahren zu lassen, wie gut er klappt. All das gehört mit zu deinen Aufgaben als Mutter – die ›persönliche Größe‹ deiner Kinder brillieren zu lassen.«

»Die Größe meiner Kinder?«, fragte ich, angetan von der Kraft, die in dieser neuen Aussage steckte.

»Sicher, deine weitere wichtige Aufgabe als Mutter ist zu gewährleisten, dass deine Kinder nicht in die Falle geraten, in der sich fast alle Erwachsenen auf Erden wiederfinden.«

»Und die wäre?«, fragte ich gefesselt.

»Die meisten von uns führen ein kleinliches Leben. Wir denken kleinlich. Wir handeln kleinlich und spielen das Spiel des Lebens mit kleinlichem Einsatz und ohne jegliches Risiko.«

»Erwachsene spielen mit kleinlichem Einsatz?«

»Ja. Wir begeben uns nicht auf unsicheren Boden und nehmen auch nicht mutig Risiken auf uns. Wir hegen die gleichen Gedanken, tun die gleichen Dinge und handeln jeden Tag gleich. Wir führen unser Leben in einer illusorischen Kuschelzone und meinen, dass wir dort sicher sind.«

»Obwohl wir dort in Wirklichkeit *am wenigsten* sicher sind«, stimmte ich ein und war stolz auf alles, was ich von meinem Bruder bereits gelernt hatte.

»Richtig. Man lebt sein Leben wirklich, wenn man sich in unbekannte Gefilde begibt. Wir sind nur in den Augenblicken vollkommen lebendig, wenn wir uns über unsere gewohnten Grenzen hinausbegeben und nach den Sternen greifen – in irgendeiner Hinsicht. Kleinlichkeit ist der Garant für ein mittelmäßiges Leben. Seine Größe brillieren zu lassen ist der Weg zur Meisterschaft.«

»Und durch Risiken können wir ein umfassenderes Leben führen?«

»Ja, Catherine. Solange es sich um kluge, kalkulierbare Risiken handelt. Keiner will dir hier nahelegen, deine Kinder auf Dummheiten zu bringen. Der springende Punkt meiner Weisheit ist, Porter und Sarita anzuleiten, ruhig öfter etwas zu wagen. Sie müssen immer darauf hören, was ihr Herz ihnen sagt. Wenn sie einen tollen Einfall haben, der ihnen hilft, zentrale Bereiche ihres Lebens zu verbessern, müssen sie so mutig sein, danach zu handeln. Bedenke, wer im Leben eine große Führungspersönlichkeit abgeben will, muss handeln.«

»Dann bringe ich ihnen also bei, kluge Risiken einzugehen und mehr zu wagen. Stimmt's?«

»Ja, und um wieder zur zweiten Disziplin der persönlichen Größe zurückzukommen: Achte darauf, dass deine Kinder sich jede Woche Ziele setzen – wie bei einem Ritual –, selbst wenn es nur ein oder zwei Ziele sind, die festschreiben, was genau sie in der kommenden Woche in ihrem Leben verwirklicht sehen wollen. Ich will dir und den Kindern einen besonderen Vorschlag unterbreiten: Du könntest mit ihnen zusammen ein Traumbuch entwerfen.«

»Was ist ein Traumbuch?«, wollte ich wissen.

»Es ist ein leeres Heft, das jeder von euch mit seinen Zielen vollschreiben kann. Stell es dir als eine Art Gefäß vor, in dem du und die Kinder eure Wünsche festhalten könnt. Ihr könnt jedes Ziel und jeden Traum auflisten und so eure größten Sehnsüchte aufzeichnen. Ihr könnt Bilder einkleben von euren Helden, von den Dingen, die ihr gern hättet, und den Orten, die ihr gern besuchen würdet. Ihr könnt beeindruckende Zitate notieren und inspirierende Worte. Die Methode ist hervorragend geeignet, damit deine Kinder lernen, sich Ziele zu setzen, und – was noch wichtiger ist – diese Ziele zu verwirklichen.«

»Dieser Vorschlag gefällt mir, Julian! Eine wirklich tolle Idee. Ich fühle mich jetzt schon motiviert.«

»Also, Schwesterchen«, sagte Julian und nahm mich an der Hand, um mich in einen winzigen Raum zu führen, der mir noch nie aufgefallen war. Über der Tür stand in Bronzelettern »Galerie berühmter Menschen«.

»Hier war ich noch nie«, bemerkte ich, als wir an ein paar atemberaubend schönen und lebensechten Porträts der größten Frauen und Männer der Geschichte vorbeikamen.«

»Die Galerie ist nagelneu. Ich habe sie selbst vor Kurzem erst entdeckt. Ich könnte Stunden hier verbringen und nur die Energie dieser berühmten Menschen spüren und über ihr Leben nachdenken. Wenn ich hier war, habe ich immer das Gefühl, meinen Weg engagierter und inspirierter weiterverfolgen zu können.«

»Sind wir wegen der dritten Disziplin der persönlichen Größe hier?«

»Darauf kannst du wetten«, erwiderte Julian, wirbelte herum und stieß mit den Fäusten in die Luft. »Ach, wie ich diese Disziplin liebe!«

»Schön, schön – dann lass mal hören.«

»Die dritte Disziplin der persönlichen Größe – sie wird sicher einen wunderbaren Einfluss auf Porters und Saritas Leben haben – lautet ›orientiere dich immer wieder an den Giganten‹.«

»Also, du weißt schon, dass du mir das genauer erklären musst«, bemerkte ich fasziniert, wobei ich die Arme verschränkte und mich auf die einzige Bank in dem Saal setzte.

»›Sich an den Giganten orientieren‹ bedeutet, mit den bedeutendsten historischen Persönlichkeiten Zeit zu verbringen und somit die bemerkenswertesten Menschen dieser Welt zu seinen geistigen Mentoren zu machen. Möchtest du heute Abend Zeit mit Mutter Teresa verbringen?«, fragte Julian, wobei ihm der Schalk in den Augen stand.

»Auf jeden Fall.«

»Wie wäre es, mit Nelson Mandela zu entspannen und mit Gandhi zu sinnieren?«

»Da bin ich mit von der Partie«, sagte ich, wobei mir allerdings nicht klar war, worauf Julian mit diesen Fragen hinauswollte.

»Weißt du, ein Geschenk unseres heutigen Wissenszeitalters ist, dass du und ich und alle anderen das Privileg haben, jeden Tag unsere Zeit mit den größten Denkern auf Erden zu verbringen – insofern wir das wollen. Du brauchst bloß einen Bibliotheksausweis, und schon kannst du deine Kinder mit den persönlichsten Gedanken Mahatma Gandhis konfrontieren. Und du brauchst nur eine Internetverbindung, und schon kannst du in die Gedankenwelt von Helen Keller oder Benjamin Franklin oder Konfuzius oder Albert Schweitzer eintauchen. Du kannst herausfinden, was diese großen Menschen zum Lachen und Weinen gebracht hat. Du kannst entdecken, wie sie mit Widrigkeiten zurechtkamen. Du kannst lernen, wie sie ihr Leben gestaltet haben.

Ich finde das großartig. Wir können uns bei Bedarf mit den bemerkenswertesten Menschen der Welt anfreunden, mithilfe von Büchern, Audioprogrammen, Videos und anderen Materialien. Und nun zum springenden Punkt bei all dem, Catherine: Indem wir Zeit mit den weisesten Persönlichkeiten der Historie verbringen, werden wir unweigerlich zu besseren Menschen. Da fallen mir diese Worte der Schriftstellerin Dorothea Brande ein: ›Mir kam eine befreiende Idee. Ich hatte nicht bewusst nach ihr gesucht; ich war eigentlich mit einem Forschungsprojekt in einem anderen Bereich beschäftigt. Aber dann stolperte ich über einen Satz in einem Buch, das ich gerade las. Er war so erhellend, dass ich das Buch weglegte, um mir alle Ideen, die dieser eine Satz enthielt, durch den Kopf gehen zu lassen. Als ich das Buch dann wieder zur Hand nahm, war ich ein anderer Mensch.‹ Sich in die Gesellschaft von großen Denkern zu begeben, ist sicher eine der besten Möglichkeiten, das eigene Denken weiterzuentwickeln. Es ist, als würde man gegen einen überlegenen Gegner Tennis spielen.«

»Du spielst sowieso immer besser«, erwiderte ich, denn das war ein Phänomen, das ich bei Julian schon mehr als einmal erlebt hatte.

»Stimmt. Wenn du also die Bücher unserer geistigen, philosophischen, wissenschaftlichen und spirituellen Giganten regelmäßig liest, verbessert sich deine Denk- und Handlungsweise entsprechend. Du kletterst dann mit der Zeit auf das Niveau dieser Leute. Du kommst auf völlig neue Gedanken und bist selbst überrascht, wie vorteilhaft du dich verhältst. Schlage also jede Woche ein bisschen Zeit heraus, um Porter und Sarita mit den Werken und Gedanken der Giganten unter uns zu konfrontieren – Männer und Frauen, die einen bedeutenden Beitrag für unsere Zivilisation geleistet haben. Mache sie mit den Genies früherer Zeiten bekannt und auch mit künftigen Führungspersönlichkeiten. Wenn du sie zum Fußballtraining fährst oder in die Ballettstunde, spiele CDs mit den Biografien von Einstein, Mozart oder Thomas Edison. Du kannst sicher sein, dass ihr Charakter in hohem Maße von diesen Persönlichkeiten beeinflusst wird. Außerdem werden deine wunderbaren Kinder inspiriert, über sich selbst hinauszuwachsen. Wie Thomas Bailey Aldrich einmal so schön schrieb: ›Man erkennt einen Menschen an der Gesellschaft, die sein Verstand sich sucht.‹«

»Und Gandhi sagte einmal: ›Ich lasse niemanden mit schmutzigen Füßen durch meinen Verstand trampeln.‹«, fügte ich hinzu, denn ich hatte vor einiger Zeit die Autobiografie dieses großen Mannes gelesen.

»Wunderbar, Catherine. Er hat begriffen, wie sehr sich das, womit wir uns beschäftigen, auf unser Leben auswirkt.«

Julian fuhr fort: »Ich finde meine Weggefährten durch die Lektüre der ›Werke der Giganten‹. Weißt du, Catherine, für mich verkörpern große Bücher das Prinzip Hoffnung. Sie stehen für das Versprechen auf ein besseres Leben. Durch sie kann ich mir eine weisere und bessere Welt vorstellen. Und deshalb ist es so wichtig, täglich zu lesen.«

»Da Porter und Sarita noch klein sind, könnte ich anfangen, die erwähnten großartigen Bücher zu sammeln. Ich muss für BraveLife.com ja manchmal verreisen und habe oft ein paar Stunden am Flughafen totzuschlagen. Dort gibt es immer hervorragende Buchgeschäfte.«

»Natürlich«, erwiderte Julian. »Erfolgreiche Menschen fliegen oft. Und wirklich erfolgreiche Menschen lesen gern. Die Buchhändler wissen das und bieten in ihren Geschäften am Flughafen die beste Auswahl.«

»Ich könnte in diesen tollen Läden nach beeindruckenden Büchern stöbern, welche die Kinder später einmal inspirieren und beeinflussen.«

»Das ist eine wunderbare Idee, Catherine«, erwiderte Julian. »Unter diesen Büchern findest du Juwelen der Weisheit darüber, wie du deine Kinder zu klugen, fitten und charakterstarken Menschen erziehen kannst. Du entdeckst Bücher, die dir zeigen, wie sich Karriere und Familie vereinen lassen. Du stößt auf Bücher zum Thema Selbstoptimierung. Für jede nur mögliche Frage, die dir in den Sinn kommt, findest du ein Buch, das vor Antworten überquillt. Du musst nur die Initiative ergreifen und dir die richtigen Bücher suchen, und dann bedarf es etwas Disziplin, sie zu lesen.«

»Apropos Disziplin – sag mal, Julian, wie stehst du eigentlich dazu, Kinder zu disziplinieren? In meinem Privatleben bereitet mir das Thema immer Probleme, während ich es noch nie schwierig fand, meine Angestellten bei BraveLife.com zu disziplinieren. Wenn es um meine Kinder geht, fällt es mir immer schwer, Nein zu sagen.«

»Wenn man als Eltern seine Sache in puncto Disziplin gut machen will, ist es entscheidend, das Richtige zu tun und nicht den Weg des geringsten Widerstands zu gehen. Tu immer, was dein Herz und dein Gewissen dir sagen, und zwar auf der Basis deiner Moral und Werte, und nicht, was in dem Augenblick die simpelste Lösung scheint.«

»Damit sind wir wieder bei dem Punkt, den du vorhin schon erwähnt hast. Führungskompetenz zu zeigen bedeutet das Richtige tun.«

»Ja. Und du musst auch bedenken, dass Disziplin ein Geschenk ist.«

»Was willst du damit sagen?«

»Viele Eltern meinen, sie würden ihren Kindern ihre Liebe zeigen, wenn sie deren Forderungen ständig nachgeben und nie Nein sagen. Aber sie vergessen dabei, dass Kinder klare Grenzen brauchen. Sie benötigen stimmige Regeln, die ihrem Leben Struktur geben. Deine Kinder mögen dir das nicht sagen, aber wenn Eltern Grenzen setzen und darauf achten, dass Anweisungen befolgt werden, spüren die Kinder, dass sie geliebt werden. Ein sinnvolles Maß an Disziplin festigt außerdem den Charakter der Kinder, denn sie bekommen so ein gutes Gespür, was unter bestimmten Umständen richtig beziehungsweise falsch ist.«

»Das ist wirklich wahr, Julian. Auch wenn mir nie gepasst hat, wie unsere Eltern uns gemaßregelt haben, wusste ich insgeheim doch, dass es ein Zeichen ihrer Liebe zu uns war. Ich glaube, ich habe Porter und Sarita zu lange zu viel durchgehen lassen. Ich glaube, ich muss ein bisschen strenger zu ihnen sein.«

»Übertreib es nur nicht, Catherine. Man muss das rechte Maß finden – Disziplin ist wichtig, aber man muss Kinder auch mal einfach Kinder sein lassen. Und bedenke außerdem: Wenn du eines deiner Kinder bestrafst, bestrafe das Verhalten, nicht das Kind.«

»Könntest du mir das bitte erklären?«

»Es ist wichtig, das Selbstwertgefühl von Kindern nicht zu beschädigen. Wenn sie etwas Falsches tun, achte also darauf, ihnen zu sagen, dass *ihr Verhalten* schlecht war – nicht sie selbst. Du musst ihnen bedingungslose Liebe schenken und ihnen vermitteln, dass sie für dich das Wichtigste sind, egal was sie tun. In dem Zusammenhang gilt es natürlich bestimmte Regeln und Grenzen einzuhalten. Deine Kinder sollten wissen, dass es Nachteile für sie hat, wenn sie über diese Grenzen hinausgehen.«

»Das ergibt Sinn, Julian. Es stimmt, das Selbstwertgefühl von Kindern ist sehr zerbrechlich. Was sie hören, wenn sie noch klein sind, bleibt ihnen noch jahrelang im Gedächtnis.«

»Allerdings. Ich würde auch vorschlagen, dass du deine Kinder nie bestrafst, wenn du verärgert bist.«

»Wirklich?« Dieser Ratschlag überraschte mich.

»Ja, Sinn und Zweck der Disziplin ist, dem Kind zu helfen, seine Energien angemessener zu kanalisieren. Disziplin sollte nie als Ventil für den Frust der Eltern fungieren. Nutze sie also nie als Mittel, um Stress abzubauen, damit du dich wieder besser fühlst, wenn du wegen irgendetwas über dein Kind verärgert bist. Spar dir Strafen auf – und schätze sie – als ein Mittel, um den Charakter deines Kindes zu formen. Nur dann zeigt Disziplin die von dir erhoffte Wirkung.«

»Und bei der letzten Disziplin, der vierten Disziplin der persönlichen Größe, geht es darum, mit Freuden zu geben. Es geht darum, den Kindern Güte zu vermitteln, wie wichtig es ist, mit offener Hand und offenem Herzen zu geben.

Bedenke, *dass die Hand, die gibt, auch die Hand ist, die nimmt; also zu geben bedeutet auch, etwas zu erhalten.* Wer am meisten gibt, gewinnt. Das ist eines der ewigen Gesetze der Menschheit, das wir nur zu gern vergessen. Lehre Porter und Sarita, wie wichtig es ist, anderen zu helfen und Menschen zu achten, die für die Welt etwas Wertvolles tun. Gewöhne dir an, jemanden, der es verdient hat, regelmäßig zu loben. Wenn du mit den Kindern Freunde besuchst, bring immer ein Geschenk mit, damit sie es später genauso machen. Es muss nichts Besonderes sein. Die Geste zählt. Es kann etwas so Simples sein wie frische Blumen aus dem Garten oder eine von den Kindern gebastelte Karte. Es kann eine herzliche Umarmung oder ein strahlendes Lächeln sein. Jedenfalls gewöhnen es sich deine Kinder dann auch an. Es wird ihnen somit schnell bewusst, wie schön es ist, zu teilen. Sie werden so zu besseren Menschen und entwickeln sich enorm weiter. Sobald sie erkennen, dass es am besten ist, stets freundlich zu sein und zu geben, haben sie eine der bedeutendsten Lebenslektionen gelernt.«

»Danke, Julian«, sagte ich von Herzen überzeugt. »Ich liebe dich.«

»Ich liebe dich auch, Catherine. Ach, bevor ich es vergesse, ich habe auch noch ein Geschenk für dich.«

Julian griff in seine Hosentasche und zog eine zerknitterte Serviette heraus, auf der Spuren von Senf zu sehen waren.

»Ich weiß, dass das nicht viel hermacht, aber die Worte, die ich auf diese Serviette geschrieben habe, sind Gold wert. Wie wäre es, wenn du sie auf ein Schild drucken lässt und es dann zu Hause so aufhängst, dass du es im Blick hast? Ist es dir recht, wenn ich dir den Text vorlese?«

»Nur zu, bitte«, sagte ich sanft.

»Ich weiß nicht, warum diese Worte bei mir auf solche Resonanz stoßen. Sie treffen mich ins Mark. Und sie dienen mir als wichtige Leitlinie. Wahrscheinlich beinhalten sie im Wesentlichen das Leben, das ich gerne führen möchte, und richten sich an den Menschen, der ich einmal sein will.«

Julian las die Worte, ein Zitat von William Penn:

Ich denke, dass ich den Weg meines Lebens nur einmal gehe. Wenn es also eine Freundlichkeit gibt, die ich jemandem erweisen kann, oder etwas Gutes, das ich einem Mitmenschen tun kann, dann will ich es jetzt tun und nicht verschieben oder unterlassen, denn ich komme nicht noch einmal dieses Weges.

Als Julian und ich Arm in Arm aus dem Museum spazierten, setzte ein leichter Nieselregen ein.

»In Indien hält man diese Art Nieselregen für ein gutes Omen«, sagte Julian so leise, dass ich ihn kaum verstand. Dann schaute er nach oben, sodass ihm die Regentropfen übers Gesicht tanzten. Mit geschlossenen Augen und einem titanischen Lächeln hielt Julian ein paar Momente inne, um dann so laut loszubrüllen, dass die Leute stehen blieben: »Es ist herrlich, jetzt zu leben!«

Da mein Verstand reich angefüllt war mit Lektionen in Sachen Führungskompetenz und mein Herz offener war denn je, konnte ich ihm nur zustimmen.

Die vierte Meisterschaft einer Führungspersönlichkeit in der Familie

Wer als Eltern hervorragend sein will, muss ein hervorragender Mensch werden

Wie bei einem Theaterstück kommt es im Leben nicht darauf an, wie lange es dauert, sondern wie gut es gespielt wird.

Seneca

Die einzigen Teufel auf Erden treiben in unserem Herzen ihr Unwesen. Dort sollte der Kampf auch ausgefochten werden.

Mahatma Gandhi

Die Nachricht auf meinem Anrufbeantworter war wirklich seltsam. Miss Williamson, meine zurückgezogen lebende Nachbarin – die Dame mit den 14 Katzen und einer Schwäche für Julian, wie ich zum Spaß einmal gesagt hatte – hatte etwas draufgesprochen. Sie bat mich, in den Garten hinter ihrem Haus zu kommen. Noch seltsamer war, dass ich um fünf Uhr am nächsten Morgen dort sein sollte. »Es wartet bei den Tomaten ein Geschenk auf Sie, Catherine«, versprach sie mit ihrer piepsigen Stimme.

Seien Sie sicher, dass man Miss Williamson nicht gerecht wird, wenn man sie einfach nur als exzentrisch bezeichnet. Sie war ein Original, und ich verstand nie, weshalb sie so lebte. Aber sie war eine verlässliche Nachbarin und lächelte mir immer zu, wenn ich ihr im Viertel über den Weg lief. Ich rief sie also zurück und sagte ihr, dass ich gern zum gewünschten Zeitpunkt zu ihr in den Garten käme.

Nachdem ich mich am nächsten Morgen geduscht und Jon und den Kindern einen Kuss gegeben hatte, stahl ich mich durch die Seitentür und spazierte die Straße hinunter. Als ich den Rasen vor dem Haus von Miss Williamson überquerte, sprangen drei Katzen aus dem Gebüsch und jagten mir einen Riesenschrecken ein. Ich stand ein paar Sekunden entsetzt da, mein Herz schlug wie wild. Aber ich riss mich am Riemen, ging vorsichtig um das Haus herum, zur Veranda und weiter in den großen Garten, dem sie so viele Stunden widmete. Ich traute meinen Augen nicht.

Neben dem Tomatenbeet ragte eine fast zwei Meter große Vogelscheuche auf. Sie war mit einem gekräuselten Stück

Stoff bekleidet, das Miss Williamson wohl auf dem Flohmarkt gekauft hatte, und stand in einer bizarren Yogaposition da. Ich hatte zusammen mit Jon und den Kindern Yogis in Discovery-Channel-Dokus in so einer Haltung gesehen. Nicht minder unerklärlich war das große Plakat, das vom Körper der Vogelscheuche bis zur Veranda hinter dem Haus reichte. Ein Zitat von Mark Twain stand in leuchtend roten Buchstaben darauf, die im goldenen Licht der Morgensonne schier von dem Hintergrund aus Plastik zu springen schienen. Das Zitat lautete schlicht und einfach:

Wenn jeder mit sich zufrieden wäre, gäbe es keine Helden.

Die morgendliche Stille wurde durch laute Musik aus einem Stereogerät gestört, das jemand strategisch günstig auf den nahen Picknicktisch gestellt hatte. Das Lied war unverwechselbar. Es war *What a Wonderful World* von Louis Armstrong. Ich stand einfach da und ließ die positive Energie dieses außergewöhnlichen Anblicks auf mich wirken. Ich hatte keine Ahnung, was sich da abspielte. Ich hatte keine Ahnung, was ich dort sollte. Und, ehrlich gesagt, war es mir auch egal. In meinem Leben war seit Julians Rückkehr etwas Wunderbares entstanden, und ich war darüber einfach tagtäglich sehr glücklich. Das hier war nun eben eine weitere Erfahrung, die einmal eine tolle Geschichte für meine Enkel abgeben würde.

»Miss Williamson? Wo sind Sie?«, rief ich und versuchte, Louis Armstrongs raue Stimme zu übertönen.

Als ich keine Antwort bekam, versuchte ich es noch einmal.

»Hallo! Miss Williamson, wo sind Sie denn?«

Wieder keine Antwort. Nur Louis Armstrong, der gerade seinen Song mit den Worten beendete: »And I said to myself ... what a wonderfuuuuuuuul woooooorld.«

Schließlich herrschte Stille im Garten. Ich ging in Richtung Tomatenbeet auf die köstlich gekleidete Vogelscheuche zu. Plötzlich sang eine tiefe, dröhnende Stimme: »I say to myself, this is a wonderful world.« Ich sah mich um, konnte aber niemanden entdecken. Als ich auf dem Pfad weiterging, hörte ich die Stimme erneut. »Wonderful world!« war alles, was diesmal ertönte. Der Klang schien von der Vogelscheuche zu kommen, die neben dem Tomatenbeet stand. Vielleicht hat das ja mit dem Geschenk zu tun, das Miss Williamson mir auf dem Anrufbeantworter versprochen hat, ging es mir durch den Kopf.

Als ich näher kam, schien das Wort »wonderful« der Vogelscheuche über die Lippen zu kommen – Lippen, die von dem geblähten schwarzen Stoff fast verdeckt waren, der das übrige Gesicht vermummte und den ganzen Kopf umgab. Diese Szenerie trug Julians Handschrift, aber ich wusste, dass er nicht da war, weil er in Connecticut Urlaub machte; er hatte sich für ein siebentägiges Seminar angemeldet, um dort zurückgezogen an seiner persönlichen Entwicklung zu arbeiten.

»Ich muss noch tiefer zu mir selbst vordringen«, hatte er uns erklärt, als wir ihn am Flughafen abgesetzt hatten.

In dem Moment, als ich bei der Vogelscheuche ankam, drangen die Worte »Wenn jeder mit sich zufrieden wäre, gäbe es keine Helden« aus der Box. Ich bekam es ein wenig mit der Angst zu tun. Was sollte das alles hier, und welche Rolle spielte ich dabei?

Plötzlich begann die Vogelscheuche sich zu bewegen. Zuerst ganz langsam, dann ruderte sie wie wild mit den Armen und Beinen. Bald wirbelte sie wie ein Derwisch in dem Tomatenbeet herum. Plötzlich stürzte sie vor Schwindel zu Boden, wo sie einen Moment liegen blieb. Dann fing sie an zu lachen – und konnte schier nicht mehr aufhören.

Natürlich verbarg sich unter der Maskerade ein Mann, und zwar einer, den ich kannte. Ich zog der Vogelscheuche den Stoff vom Gesicht. Na klar, der König der Streiche hatte wieder einmal zugeschlagen. Es war Julian.

»Ich dachte, du wärst in Connecticut, um dich mit deinem höheren Selbst zu verbinden?«, sagte ich mit gespieltem Ärger, wobei ich mir bewusst war, dass ich grinste. »Ja, hast du denn nichts Besseres mit deiner Zeit zu tun, als dir solche Szenen einfallen zu lassen und mich zu Tode zu erschrecken?«

»Ich liebe Streiche, Schwesterherz«, erwiderte Julian. »Ich fühle mich manchmal einsam, wenn ich morgens bei Sonnenaufgang erwache.«

»Also, nun sag mir doch, was es mit dieser Lektion auf sich hat. Ich kann mir kaum vorstellen, dass du die arme Miss Williamson für diesen Streich gewinnen konntest. Sie ist schließlich fast 90, weißt du.«

»Meine Idee hat ihr gefallen; sie findet mich amüsant«, antwortete Julian, wobei er zum Balkon des Schlafzimmers von Miss Williamson hinaufschaute.

»Tag, Julian«, rief sie lachend, im Morgenmantel auf das Geländer gestützt. »Mann, Sie sind wirklich gut. Das war eine der lustigsten Darbietungen, die ich seit Langem gesehen habe. Kommen Sie doch auf eine Tasse Tee herein, wenn Sie mit Catherine fertig sind. Ich würde gern mehr von Ihren Abenteuern in Indien erfahren. Also bis dann, mein Lieber«, schloss sie so liebenswürdig, wie ich ihre Stimme noch nie gehört hatte.

Julian zwinkerte mir zu.

»Noch immer der Charme in Person«, merkte ich an.

»Ach, die Frau ist nett, und außerdem kocht sie den besten Kamillentee, den ich je getrunken habe.«

»Aber im Ernst«, sagte ich, »ich dachte du wärst bei deinem spirituellen Seminar. Was machst du hier?«

»Das ist nicht gerade verantwortungsvoll von mir, Catherine, und ich bitte dich auch um Entschuldigung. Aber ich fühle, dass ich dir die vierte Meisterschaft einer Führungspersönlichkeit in der Familie vermitteln muss, je eher, desto besser. Seit ich bei den Weisen in Sivana war, bin ich mir ›meiner inneren Stimmen‹ erheblich bewusster.«

»Ach, erspare mir diesen Hokuspokus, Julian«, antwortete ich, über meine Ungeduld selbst überrascht; ich schrieb sie der unchristlich frühen Stunde zu.

»Mir ist das absolut ernst. Wir alle haben die verborgene Fähigkeit, die Wahrheit in all unseren Lebensumständen zu entdecken. Wenn wir so an uns arbeiten, wie es nötig ist, um uns mit unserem höchsten Selbst zu verbinden, wird diese Kraft – meist nennt man sie Intuition – offensichtlich. Meine Intuition hat mir also gesagt, dass du unbedingt alles über die vierte Meisterschaft erfahren musst – jedenfalls mehr, als ich eine Woche der Reflexion und der Weiterentwicklung brauche. Und da bin ich nun also, dir zu Diensten«, witzelte Julian, wobei er eine Verbeugung andeutete wie ein Butler vor seinem Boss.

»Dann sag mir, was soll ich mit diesem Gerede ›Wenn jeder mit sich zufrieden wäre, gäbe es keine Helden‹?«

»Das hat sehr viel mir dir zu tun, Catherine. Die Tatsache, dass wir in diesem Garten sind, hat Unmengen mit dir zu tun. Die Tatsache, dass ich Louis Armstrongs berühmtes Lied für dich abgespielt habe, hat mit dir zu tun.«

»Komm auf den Punkt, Bruderherz«, drängte ich Julian.

»Bei der vierten Meisterschaft einer Führungspersönlichkeit in der Familie geht es darum, der Mensch zu werden, der du eigentlich sein kannst. Es geht darum, dein bestes Selbst zu werden und das volle Potenzial deines Verstandes, Körpers und Geistes auszuschöpfen, damit du deine Familie hervorragend anleiten kannst. Es geht darum, in deinem eigenen Leben zum Helden zu werden«, bemerkte Julian sanft.

»Was ist diese vierte Fähigkeit einer Führungspersönlichkeit in der Familie, Julian?«, fragte ich gutmütig; meine Stimmung verbesserte sich mit meinem steigenden Interesse an der nächsten Lektion.

»Das lässt sich ganz einfach zusammenfassen – wie alle großen Prinzipien für ein effizientes Leben. *Wer als Mutter oder Vater hervorragend sein will, muss ein hervorragender Mensch werden.* Bei dieser Meisterschaft geht es um Selbsterneuerung und Selbstregeneration.«

»Das letzte Wort ist mir nicht geläufig.«

»Was würdest du von einem Unternehmen halten, das für Forschung und Entwicklung weder Geld ausgibt noch Zeit einplant?«, lautete seine präzise Antwort.

»Nicht viel. Ich würde mit Sicherheit nie in dieses Unternehmen investieren«, sagte ich.

»Richtig. Ich auch nicht.«

»Ach, jetzt sag bloß nicht, dass du wieder an die Börse gehst, Julian. Ich sehe schon die Schlagzeilen: ›Millionenschwerer Anwalt wird als Mönch erleuchtet und kassiert voll ab. Von dem Geld kauft er sich einen Ferrari.‹« Ich kicherte.

»Die Zeit meiner Investitionsgeschäfte ist vorbei. Aber die Zeit, in mich selbst zu investieren, hat gerade erst begonnen. Und das ist die beste Investition, die ich je getätigt habe. Du würdest sicher keinen Cent in eine Firma stecken, die sich nicht ständig verbessert; und dennoch wenden die meisten Menschen auf Erden nicht einmal eine Stunde im Monat auf, um sich weiterzuentwickeln. Deshalb gefällt mir der Spruch ›Wenn jeder mit sich zufrieden wäre, gäbe es keine Helden‹ so gut. *Menschen, die auf dieser Welt wirklich vorankommen und ein großartiges Leben führen – persönlich, beruflich und spirituell – sind nie mit sich zufrieden. Sie sind ständig dabei, ihr Potenzial auszubauen und stärker, klüger und effizienter zu werden.*«

»Aber was ist mit der Weisheit, man solle mit sich zufrieden sein und sich als den Menschen, der man eben ist, mögen?«

»Ich sage ja nicht, dass du dich nicht lieben sollst und für deine individuellen Begabungen nicht dankbar sein sollst. Ich sage nur, wir sollten nicht selbstzufrieden sein – das ist eine Falle. Und was noch wichtiger ist – ich bin der Meinung, dass wir ständig danach streben sollten, uns das Leben wundervoll zu gestalten. Wunder-voll«, betonte Julian, »voller Wunder eben.«

»Ach«, seufzte ich, »jetzt verstehe ich, weshalb du den Song von Louis Armstrong gespielt und dieses Lied gesungen hast.«

»Dann bist du auf dem richtigen Dampfer«, erwiderte Julian und gab mir einen Kuss auf die Wange.

»Ich weiß aber noch immer nicht, weshalb wir in diesem Garten sind.«

»Der Garten ist ein perfektes Symbol für das Konzept der Selbsterneuerung und der persönlichen Regeneration. Er ist ein ideales Beispiel, wie die Natur Fürsorge, Pflege und Aufmerksamkeit belohnt. Miss Williamson verbringt die meiste Zeit hier und kümmert sich um das Gemüse; sie stellt sicher, dass es angemessen kultiviert wird und bestmöglich wachsen kann. Und ›was sie sät, erntet sie auch‹. Sie steckt enorm viel Zeit hinein, und die Natur bringt eine reiche Ernte hervor. Das gilt auch für die Menschen. Wenn man sich trotz seines hektischen Stundenplans jeden Tag etwas Zeit nimmt, sich selbst zu erneuern und zu regenerieren, wirkt sich das positiv in allen Bereichen des Lebens aus.«

»Was genau meinst du mit sich selbst erneuern, Julian? Geht es dir darum, dass man sich Zeit nehmen soll, um Sport zu treiben und gesund zu essen?«

»Das und vieles andere.« Julian machte eine Pause und führte mich dann zum Picknicktisch. Während er mir ein Glas frischen Tomatensaft eingoss, sprach er weiter über die vierte Meisterschaft.

»Du denkst sicher noch oft an dein Flugzeugunglück, oder?«

»Leider ja«, antwortete ich zaghaft.

»Denk einmal an die Anweisungen des Flugpersonals.«

»Nun, sie haben uns gesagt, dass wir Ruhe bewahren sollen. Keine Panik. Dass wir den Kopf auf die Knie legen sollen.«

»Was haben sie wegen der Sauerstoffmasken gesagt?«

»Also das Flugpersonal sagt eigentlich immer das Gleiche.«

»Nämlich?«

»Im Wesentlichen fordern sie die Passagiere auf, sich die Sauerstoffmaske übers Gesicht zu ziehen und erst dann zu versuchen, anderen dabei zu helfen.«

»Die perfekte Antwort«, bemerkte Julian beglückt. »Genau darum geht es bei der vierten Meisterschaft einer Führungspersönlichkeit in der Familie und dem Konzept der Selbsterneuerung.«

»Ich komme noch immer nicht richtig mit«, gestand ich und nippte an meinem Saft.

»Bevor du anderen helfen kannst, musst du dir selbst helfen. Um eine bessere Mutter zu sein, musst du zuerst ein besserer Mensch werden. Um deine Familie hervorragend zu managen, musst du dich zuerst selbst hervorragend managen. Also eigentlich will ich Folgendes sagen: Äußere Führungskompetenz fängt mit innerer Führungskompetenz an.«

»Dem würde ich zustimmen«, merkte ich an.

»Du kannst für deine Kinder nichts Großes tun, wenn du nicht vorher großartig denkst«, fuhr Julian mit der Energie und dem Eifer eines Baptistenpredigers fort.

»Richtig«, stimmte ich ein.

»Du kannst in deinem Leben nichts Gutes tun, wenn du dich nicht auch gut fühlst.«

»Auch richtig«, sagte ich mit einem Nicken.

»Und du kannst deine Kinder nicht wirklich lieben, wenn du nicht zuerst dich selbst liebst«, erklärte Julian bedauernd.

Ich sagte nichts mehr. Diese letzte Aussage traf mich zutiefst. Dann rührte sie mich zu Tränen. Julians Weisheit durchdrang meine Seele. Er hatte ja so recht. Wie sollte ich meinen Kindern und Jon Liebe schenken, wenn ich mich selbst nicht liebte? Wie sollte ein menschliches Wesen je einem anderen seine Zuneigung zeigen, wenn es nicht zuvor sein eigenes Selbst zu lieben gelernt hatte? Mein Bruder hatte mir gerade Folgendes gesagt: Bevor ich je hoffen konnte, die Mutter zu werden, die Porter und Sarita verdient hatten, musste ich ernsthaft an meiner Persönlichkeit arbeiten und »von innen heraus Führungskompetenz an den Tag legen«.

»Und der Witz dabei ist, dass engagierte Selbsterneuerung und persönliche Entwicklung dich nicht nur zu einer effizienteren Mutter machen, sondern auch zu einem viel glücklicheren Menschen. Wie John F. Kennedy einmal sagte: ›Glück ist, seine Fähigkeiten in vollem Umfang und auf herausragende Weise einzusetzen.‹«

»Schön, Julian, was kann ich also tun, um mich zu erneuern und zu einem besseren, klügeren und erfüllteren Menschen zu werden?«

»Ein Trick ist, früh anzufangen«, lautete die prompte Antwort.

»Erklär mir das, bitte.«

»Wenn du ein besserer Mensch werden willst, rate ich dir, dem Fünf-Uhr-Club beizutreten – so wie heute.«

»Du möchtest, dass ich tagtäglich um fünf Uhr morgens aufstehe?«, rief ich aus. »Ja bist du verrückt?«

»Die Weisen sind immer um vier in der Früh aufgestanden, aber fünf ist für dich schon in Ordnung, Catherine. Wenn du den Kampf gegen die Kissen gewinnst und früh aus den Federn kommst, hast du viel mehr vom Leben. Um fünf aufzustehen gibt dir einen psychischen Kick. Der Rest der Welt schläft noch, während du schon auf bist und tust, was für ein tolles Leben wichtig ist; das weiß der Rest der Welt zwar auch, hat aber nie die Zeit dazu.«

»Was zum Beispiel?«

»Zum Beispiel zuschauen, wie die Sonne aufgeht. Zum Beispiel im Wald spazieren gehen. Zum Beispiel gute Bücher lesen. Wie ich bereits gesagt habe, verändert ein bisschen Lektüre am Tag dein Leben. Wenn man in der Früh etwa eine halbe Stunde lang ein inspirierendes, erbauliches Buch liest, dann ist jede Minute am Tag von all der Weisheit erfüllt, die du erfahren hast, während die anderen noch schliefen. Du wirst besser mit deinen Kindern umgehen. Und mit Jon auch. Außerdem optimierst du so das Verhältnis zu deinen Angestellten. Du behandelst sogar Fremde freundlicher. Wie Judah ibn Tibbon so weise anmerkte: ›Bücher sollten deine Gefährten sein und deine Bücherschränke und -regale deine Parks und Lustgärten.‹«

»Ein wunderbares Zitat.«

»Stell dir vor, dass du dein ganzes Leben lang jeden Morgen ein oder zwei Stunden für dich hast. Reserviere dir diese Zeit für deine innere Arbeit, dann kannst du zuschauen, wie dein Leben auf eine völlig neue Ebene gelangt. Nutze die Zeit, um zu meditieren oder deinen idealen Tag, ja gar dein Idealleben zu visualisieren. Höre schöne Musik, um deine Seele zu beruhigen, verbringe die Zeit mit Gartenarbeit oder indem du mit der Natur Zwiesprache hältst – wie deine nette Nachbarin Miss Williamson. Sie hat mir gestern wahrhaftig erzählt, dass sie seit über 70 Jahren immer um fünf Uhr aufwacht und dass das die beste Gewohnheit ihres ganzen Lebens sei.«

»Das wusste ich nicht.«

»Catherine, jeder auf dieser Welt – und ich meine wirklich jeder Einzelne – hat eine Geschichte zu erzählen und eine Lektion zu vermitteln. Das Problem ist, dass die meisten von uns zu beschäftigt sind. Wir haben so viel um die Ohren, dass wir uns nicht die Zeit nehmen, von unseren Mitmenschen zu lernen. Ich will dir das nicht vorwerfen, Schwesterchen.

Du hast einen hektischen Beruf und eine reizende Familie, die deine Aufmerksamkeit beanspruchen. Ich will dich nur erinnern, dass ein reiches Leben durch reiche Beziehungen kommt. Wenn du glücklicher sein willst, vertiefe den Kontakt zu deinen Mitmenschen; dann wirst du immer froher. *Erfüllung im Leben stellt sich nicht ein, indem man mehr anhäuft. Sie kommt, wenn man mehr Liebe empfindet.*«

»Da bin ich ganz deiner Meinung, Julian. Diese letzten paar Monate waren die beste Zeit meines Lebens. Ich war Porter und Sarita noch nie so nahe und habe mich nie so sehr von Jon geliebt gefühlt. Ich habe mich noch nie so von meinem Team anerkannt gefühlt. Und ich war dir noch nie so dankbar. Mein Weg ist noch lang, aber ich weiß, dass ich auf dem richtigen Kurs bin.«

»Da besteht kein Zweifel.«

»Was kann ich sonst noch tun, um mich zu erneuern, damit ich zu einem besseren Menschen werde?«

»Kümmere dich um den Tempel«, lautete Julians Antwort.

»Welche Art Tempel?«, wollte ich wissen.

»Der Körper ist der Tempel der Seele«, erwiderte Julian und legte die letzten Stücke seiner Vogelscheuchen-Klamotten ab, sodass sein elegantes Gewand – mittlerweile sein Markenzeichen – zum Vorschein kam. »Die alten Philosophen sagten immer: ›Mens sana in corpore sano.‹«

»Übersetz das mal für mich. Mein Latein ist nicht mehr so gut wie früher«, sagte ich mit einem Augenzwinkern.

»Das bedeutet schlicht und ergreifend, dass in einem gesunden Körper ein gesunder Verstand wohnt. Diese Weisheit ist unglaublich wichtig, und dennoch leugnen die meisten Menschen sie. Dein Körper ist wirklich dein Tempel. Du solltest ihn als Vehikel begreifen, das – wenn es angemessen in Ehren gehalten und umsorgt wird – dir ein herausragendes Leben beschert. Nach physischer Meisterschaft zu streben ist eine hervorragende Möglichkeit, persönliche Meisterschaft zu erlangen.«

»Wirklich?«

»Sicher. Denk doch nur einmal an die nötige Disziplin, um fünf- oder sechsmal die Woche zum Sport zu gehen. Überleg dir, wie hart es ist, beim Sport seinen inneren Schweinehund zu überwinden, und welch eine Herausforderung allein schon der Gedanke ist, bei jedem Training ein bisschen mehr zu leisten. Denke an die erforderliche Disziplin, gesunde, natürliche Nahrungsmittel zu verzehren und jeden Tag viel Wasser zu trinken, wo doch an jeder Ecke Schlemmereien warten. Aber wenn du den Mut hast, deinen Körper zu respektieren – den Tempel, in dem dein besonderes Ich wohnt –, dann ist es bis zur persönlichen Meisterschaft nicht mehr weit. Jedes Mal, wenn du an einem Tag, an dem du keine Lust hast, im Studio trainierst, wirst du menschlich stärker. Jedes Mal, wenn du an einem kalten Wintertag joggst, wenn du dich lieber unter die warme Decke kuscheln würdest, verwirklichst du dich ein bisschen mehr. Indem du deine Körperkondition verbesserst, optimierst du auch deinen Charakter und deine Lebensqualität. Und dann wirst du nicht nur als Mensch besser, sondern auch als Mutter.«

»Ich sehe diese Verbindung noch nicht so recht, Julian.«

»Wenn du regelmäßig Sport treibst, gesund isst, dir Zeit zum Ausspannen nimmst und somit deinen Körper hegst und pflegst, macht dich das glücklicher. Du wirst immer energiegeladener. Du bekommst eine bessere Kondition und mentales Durchhaltevermögen. Außerdem wirst du einfühlsamer und geduldiger. Und du bist untertags meist gelassener. Würden dir all diese Vorzüge nicht helfen, Porter und Sarita eine bessere Mutter zu sein?«, fragte Julian rhetorisch.

»Absolut.«

»Wenn du dich um das Geschenk, das dein Körper ja schließlich ist, kümmerst, kannst du sogar klarer und stringenter denken. Und da dein Denken schließlich deine Welt prägt, ist schon das ein unbezahlbarer Vorteil. Eine Woche hat 168 Stunden. Sicher kann jeder vier oder fünf Stunden erübrigen, um sich um seinen Tempel zu kümmern und seine Körperkondition zu verbessern – auch wenn es noch so hektisch zugeht. Ich weiß, dass du in letzter Zeit Sport getrieben hast, und ich gratuliere dir zu diesem Fortschritt, aber ich würde dir empfehlen, noch einen Schritt weiterzugehen. Arbeite noch mehr daran, dein physisches Potenzial zu nutzen und noch fitter zu werden.«

»Aber ich darf dich doch etwas fragen, Julian – ist es denn nicht ungesund, seinen Körper so verbissen zu perfektionieren? Ich als Frau empfinde es als Druck, so oder so aussehen zu sollen, vor allem wegen der Bilder in den Medien, von denen wir ja ständig bombardiert werden.«

»Guter Einwand. Hier ist die Lösung: Ich lege dir nicht nahe, nach physischer Meisterschaft zu streben, um dann einem Supermodel zu gleichen. Sinn und Zweck des Unterfangens ist, *dein bestes Selbst zu entdecken.* Und damit du den Punkt auch erreichst, musst du deinen externen Fokus zu einem internen verändern. Hör auf, deine physischen Fortschritte im Vergleich zu den Frauen in den Modezeitschriften zu beurteilen, und betrachte dich lieber im Vergleich zu deinem früheren Selbst.«

»Diese Erklärung trifft ins Schwarze, Julian. Ich habe richtig gespürt, wie mir bei deinen Worten ein Schauer über den Rücken gelaufen ist.«

»Die großen Weisen haben mich das gelehrt. Erinnerst du dich an das alte indianische Sprichwort, das ich gestern erwähnt habe? Es lautet: ›Es zeugt nicht von Vornehmheit, anderen überlegen zu sein. Wahre Vornehmheit ist, seinem früheren Selbst überlegen zu sein.‹«

»Ich erinnere mich – und ich finde diesen Spruch super!«, rief ich aus. Dieser Ansatz ist erheblich sinnvoller – und erleuchteter.«

»Dann nutze dein früheres Selbst als Maßstab. Und bedenke auch, *dass jemand, der sich nicht die Zeit nimmt, Sport zu treiben, sich letztendlich Zeit für seine Krankheit nehmen muss.*«

»Wie wahr«, sagte ich nachdenklich.

»Es erstaunt mich immer wieder«, fuhr Julian enthusiastisch fort, »wie wir in jungen Jahren bereit sind, für ein wenig Wohlstand unsere Gesundheit zu opfern; und wenn wir älter und weiser werden, würden wir nur zu gern diesen Wohlstand ...«

»Für ein bisschen Gesundheit opfern«, warf ich ein.

»Genau. Und, apropos Sport treiben, um fit und in Topform zu bleiben – denk bitte dran, dass du jedes Mal eine schlechte Gewohnheit förderst, wenn du dich falsch verhältst.«

»Jetzt komme ich wieder nicht mehr mit.«

»Also, sagen wir mal so: Wenn du dein Training verpasst, ist das nicht nur ein verpasstes Training.«

»Ach, Julian, hör auf herumzualbern«, bat ich.

»Schön. Ich will ja nur eines sagen: Wenn du dein Training verpasst, dann bleibst du nicht auf dem Niveau, das du vorher hattest, sondern machst Rückschritte. Immer wenn du dein Training ausfallen lässt, untermauerst du die Gewohnheit, nicht zum Training zu gehen. Und je mehr Sportstunden du verpasst, desto mehr verstärkt sich diese Marotte. Hast du genügend Sport ausfallen lassen, dann ersetzt schließlich diese negative Gewohnheit die positive, die du mit so viel Mühe entwickelt hattest. Deshalb meine ich, dass du, immer wenn du es nicht schaffst, das Richtige zu tun, die Gewohnheit förderst, das Falsche zu tun. Und dieses Prinzip gilt für alles im Leben. Jedes Mal, wenn du vergisst, dich bei jemandem für etwas zu bedanken, stärkst du eigentlich die Gewohnheit, dich grundsätzlich nicht zu bedanken. Jedes Mal, wenn du jemanden nicht gleich zurückrufst, ist das ein Schritt, Telefonate grundsätzlich nicht rechtzeitig zu erledigen. Jedes Mal, wenn du deinen Kindern sagst, du seist zu müde, um ihnen beim Zubettgehen vorzulesen, fördert das die Gewohnheit, ihnen grundsätzlich nie vor dem Einschlafen vorzulesen. *Vergiss nicht, Catherine, es sind die Kleinigkeiten im Leben, die wirklich zählen. Und wie es um deinen Erfolg im Leben bestellt ist, hängt schließlich von den vielen winzig kleinen Entscheidungen ab, die du tagtäglich Minute für Minute fällst.*«

»Da bin ich ganz deiner Meinung, Julian. Wie schnell vergisst man, dass die kleinen Taten definieren, wie großartig das eigene Leben letztendlich ist«, fügte ich hinzu; es war mir klar, dass ich mich langsam schon wie Julian anhörte. »Bei unserem meist hektischen Leben verlieren wir aus den Augen, *was wirklich zählt,* und konzentrieren uns nur noch auf Unterhaltung. Da fällt mir ein, was der Management-Guru Peter Drucker einmal gesagt hat. Er meinte: ›Nichts ist so nutzlos, als effizient zu tun, was überhaupt nicht getan werden sollte.‹«

Julian brach in Gelächter aus. »Das ist genial. Das muss ich mir unbedingt merken. Da steckt viel Wahres drin. Es ergibt wirklich keinen Sinn, die wichtigsten Stunden mit unwichtigen Dingen zu vergeuden. Weise Führungspersönlichkeiten – und vergiss nicht, irgendwie sind wir alle solche Führungspersönlichkeiten – verbringen ihre Tage damit, sich auf das Wertvolle und Wichtige im Leben zu konzentrieren. Sie nehmen sich Zeit zu erkunden, welche ihrer Aktivitäten am meisten bringen – die beste Rendite bei Investitionen verspricht; und dann richten sie ihre gesamte Energie darauf. Sich so sehr auf reale Prioritäten zu konzentrieren, ist das Geheimnis des Erfolgs. Wie der chinesische Mystiker Lin Yutang es so schön formulierte: ›Neben der edlen Kunst, etwas zu erledigen, gilt es die edle Kunst zu beherrschen, etwas unerledigt zu lassen. Weise im Leben ist, wer wegzulassen vermag, was nicht wesentlich ist.‹«

»Was kann ich sonst noch tun, um mich zu erneuern und von innen heraus Führungskompetenz zu zeigen, Julian? Früh aufzustehen und meinen Körper zu hegen und pflegen sind hervorragende Vorschläge. Ich würde aber gern noch mehr erfahren.«

»Der nächste Vorschlag, den ich dir zur Meisterschaft deines Selbst unterbreiten kann, ist, Buch über dein Leben zu führen.«

»Es ist mal wieder so weit! Ach, Julian«, warf ich mit gespielter Verzweiflung ein, »was soll denn das nun wieder heißen?«

»Ich möchte dich ermuntern, ein Tagebuch zu führen. Auf diese Weise kannst du aus wichtigen Ereignissen in deinem Leben lernen und wirst mit jedem Tag klüger. Ein Tagebuch ermöglicht dir, die Vergangenheit für dich zu nutzen. Es gibt dir ein hilfreiches Werkzeug an die Hand, frühere Erfahrungen in künftige Erfolge umzumünzen. Wenn du schriftlich festhältst, was im Lauf der Tage passiert, und auch die Lehren, die du daraus ziehst, lebst du bewusster. Dir wird klarer, weshalb du etwas tust und was du verändern solltest, wenn du eine höhere Ebene in deinem Leben erreichen willst. Durch ein Tagebuch hältst du regelmäßig Zwiesprache mit dir selbst. Diese Disziplin zwingt dich zu tief gehenden Gedanken in einer Welt, in der solcher Tiefgang und Introspektion keinen großen Stellenwert mehr haben. Es hilft dir auch, zielgerichteter zu leben, sodass du dein Leben bestimmst und nicht das Leben dich.«

»Ein Tagebuch zu führen ist eine derart wirksame Methode?«

»Ja«, erwiderte Julian und biss in eine riesige reife Tomate aus dem Garten von Miss Williamson.

»Solltest du die nicht lieber abwaschen, Julian?«, fragte ich.

»Du machst dir zu viele Sorgen, Catherine. Das ist schon in Ordnung so. Nun erlaubt dir ein Tagebuch, wichtige Einsichten zu zentralen Themen festzuhalten, Erfolgsstrategien aufzuschreiben, die du von anderen oder durch Beobachtung gelernt hast, und dich all dem zu widmen, was du brauchst, um qualitativ hochwertiger zu leben, wie du es schließlich verdient hast – privat, im Beruf und spirituell.«

»Kannst du mir erklären, was du unter einem ›spirituellen Leben‹ verstehst?«

»Sicher. Der Begriff ist heute sehr verwirrend. Ich zitiere den Dalai Lama, der da meinte: ›Wenn ich das Wort *spirituell* benutze, meine ich damit grundlegende, gute, menschliche Eigenschaften. Diese sind: Zuneigung, Engagement, Ehrlichkeit, Disziplin und Intelligenz, geleitet von guter Motivation.‹ Schau, Catherine, das sind alles Eigenschaften, die uns zu Menschen machen. Und wir kommen damit alle zur Welt.«

»Wirklich?«

»Ja. Wir werden im Grunde alle als spirituelle Wesen geboren – perfekt in unserer mangelnden Perfektion. Leider entwickeln wir, wenn wir heranwachsen, negative Verhaltensweisen – die wir von unseren Eltern und später von unseren Lehrern und unseren Mitmenschen übernehmen. Die meisten entfernen sich, wenn sie älter und abgestumpfter werden, immer weiter von ihrem authentischen Selbst – dem Wesen, das sie wirklich waren. Mein Ziel ist, zu meinem wahren

Wesen zurückzukehren und aufs Neue zu entdecken, wer ich wirklich bin. Um meine ursprüngliche Perfektion wiederzuerlangen, die da war, bevor ich all das Negative zuließ, das mir den Blick auf das Universum trübt.«

»Puh, das war aber ein Denkanstoß, Julian. Aber um noch einmal zu dem Tagebuch zurückzukommen – ist das einfach so eine Art Agenda?«

»Schon wieder eine hervorragende Frage. Nein, in eine Agenda trägt man Ereignisse ein, während man in einem Tagebuch diese Ereignisse reflektiert und analysiert.«

»Gute Definition.« Ich klatschte Beifall.

»Das Führen eines Tagebuchs motiviert dich zu überlegen, was du tust, weshalb du etwas tust und was du daraus lernen kannst. Medizinische Studien haben ergeben, dass sich durch das Tagebuchschreiben – selbst wenn es nur 15 Minuten sind – die Gesundheit, die Funktionsfähigkeit des Immunsystems und die allgemeine Lebenseinstellung verbessern können. Sieh es doch so, Catherine: Wenn dein Leben es dir wert ist, darüber nachzudenken – und das ist sicher der Fall –, dann ist dein Leben es dir auch wert, darüber zu schreiben.«

»Prima Ratschlag.«

»Und das führt mich jetzt zu meiner letzten Empfehlung in Sachen Selbsterneuerung und Meisterschaft des Selbst: Nimm dir einen Tag pro Woche frei – einen Sabbattag.«

»Es ist ja inzwischen unter Berufstätigen beliebt geworden, sich mal eine Auszeit zu nehmen. Einer von unseren Managern hat gerade bei mir um ein ganzes Sabbatjahr gebeten; er will mit seiner Familie um die Welt segeln. Er schrieb, er fürchte, die Verbindung zu seinen Kindern und seiner Frau zu verlieren. Rate mal, wie meine Antwort ausfallen wird?« Ich lächelte.

»Ich weiß. Echt nett. Aber die freien Tage, die ich dir vorschlage, sind längst nicht so dramatisch, wenngleich nicht minder effektiv. In alten Zeiten wurde der siebte Tag der Woche als Sabbat bezeichnet. Er war den wichtigen Dingen im Leben vorbehalten, die jedoch oft vernachlässigt wurden – Zeit für die Familie und eigene Interessen. Dieser Sabbattag erlaubte der hart arbeitenden Bevölkerung, wieder aufzutanken und einen Tag lang das Leben zu genießen. In unserer schnelllebigen Zeit ist diese wunderbare Tradition samt den enormen persönlichen Vorteilen verloren gegangen. Ich möchte dich ermuntern, dieses Ritual für dich wieder aufzugreifen. Reserviere dir sechs oder sieben Stunden pro Woche, um all das zu tun, was dir Spaß macht, wozu du aber sonst nie kommst. Du könntest das an einem Wochenende machen oder – bei deiner freien Zeiteinteilung – am Dienstag oder Donnerstag. Der springende Punkt ist zu gewährleisten, dass keine Woche vergeht, ohne dass du dir deine Wohlfühlzeit nimmst.«

»Dazu fallen mir gleich zwei Fragen ein. Erstens: Soll ich an diesem Sabbattag allein sein? Und zweitens: Was genau soll ich da tun?«

»Ja, du sollst diese Zeit auf alle Fälle allein verbringen. Es handelt sich um eine Gelegenheit, nachzudenken und wirklich zu *sein*. So ein Tag ist eine Chance für dich, allein im Wald spazieren zu gehen und den Wind im Gesicht zu spüren. Er ist eine Chance, innezuhalten und einem Straßenmusikanten zuzuhören, ohne dabei schon über die nächste Konferenz zu grübeln. Er ist eine Chance, einfach in den Regalen deiner Lieblingsbuchhandlung zu stöbern und dabei eine Tasse heiße Schokolade zu trinken. Er ist eine Chance, barfuß im Park zu tanzen oder Spinnweben nach einem Regenguss zu betrachten – vollkommen im Hier und Jetzt. So ein Tag sorgt tatsächlich dafür, dich fortan richtig lebendig zu fühlen.«

»Dann ist ein Sabbattag also ein Geschenk, das ich mir selbst mache«, meinte ich.

»Hervorragender Punkt. Genau so ist es – eine Belohnung für eine Woche, die gut gelaufen ist. Und auf diese Weise bleibst du frisch, fröhlich, energiegeladen, entspannt und locker. Ein Sabbattag ist eine tolle Art, seine Zeit zu nutzen, eine Investition in dich selbst, um unter der Woche als Mutter, Partnerin und Mensch dein Bestes zu geben.«

»Weißt du, dieses Ritual wird bei mir Wunder wirken, da bin ich mir ganz sicher. Ich bekomme so ein bisschen Freiraum zum Atmen. Ich glaube, ich fange diesen Freitag gleich an. Am Morgen gönne ich mir eine Massage. Dann schreibe ich Tagebuch irgendwo in der Natur. Und dann beschließe ich den Vormittag mit einem vegetarischen Essen in dem neuen Lokal am Fluss.«

»Das Essen ist klasse dort«, meldete Julian sich zu Wort. »Der Eigentümer ist ein früherer Mandant von mir. Er behandelt mich immer wie einen König und tut jede Menge Knoblauch ans Essen – ganz wie ich es mag. Hm – Power durch Knoblauch! Zum Glück muss ich nach einem solchen

Gelage mit niemandem das Zimmer teilen«, kicherte er fröhlich.

»Das ist ja ein starkes Stück, Julian. Ich hatte keine Ahnung, wo du immer hin verschwindest. Manchmal löst du dich stundenlang in Luft auf«, fuhr ich vorsichtig fort. »Ab und zu hören wir so ein sägendes Geräusch aus deinem Zimmer, manchmal auch ein Hämmern. Und manchmal bekomme ich mit, wie du mitten in der Nacht aus dem Haus gehst. Du bist natürlich vollkommen unabhängig, aber ich muss gestehen, dass ich mir wirklich Sorgen um dich mache.«

»Danke, dass du dir Gedanken machst, Catherine. Ich habe einiges zu erledigen und muss Leute treffen«, lautete die einzige Antwort, die ich Julian entlocken konnte.

»Nun gut, zurück zu dieser wunderbaren Idee, mir jede Woche einen Sabbattag zu genehmigen. Muss ich dazu sonst noch etwas wissen?«

»Ich denke, du bist schon auf dem richtigen Dampfer. Nutze den Tag zum Ausspannen, Tanzen, Denken, um den Geist zu nähren und die Wunder des Lebens zu bestaunen. Er ist auch eine gute Gelegenheit, einfach mal zu danken. Nimm dir jede Woche Zeit, um all das Positive in deinem Leben in deinem Tagebuch aufzulisten. Vergiss nicht: Worauf du dich konzentrierst, das entwickelt sich, worüber du nachdenkst, das expandiert, und womit du dich eingehend beschäftigst, bestimmt dein Schicksal. Die Aspekte des Lebens, denen du die meiste Aufmerksamkeit schenkst, erblühen auf wunderbare Weise. Bleibe deshalb auf das Gute in deinem Dasein konzentriert, dann wirst du sehen, wie es wächst. *Leid im Leben ist eigentlich nur die Differenz zwischen dem, wie die Dinge sind, und wie man sich vorstellt, dass sie sein sollten. Wenn es dir gelingt, das Positive in deinem gegenwärtigen Leben zu akzeptieren, ohne ständig zu befürchten, dass dein Dasein im Vergleich zu anderen hohl ist, dann bist du der Erleuchtung einen Riesenschritt nähergekommen.*

Versuch, ein Mensch zu werden, der sein Leben dankbar und in positiver Erwartung führt. Träume von Großem, aber schätze auch, wo du dich aktuell befindest. Der Weg ist das Ziel. Dank dieser Einstellung wird dich das Universum mit Sicherheit beschenken. Mir gefallen diese Worte von Cicero: ›Dankbarkeit ist nicht nur die größte Tugend, sondern auch die Mutter von allen.‹«

* * *

Julian lief in die Mitte des Gartens. Er hatte die Arme ausgebreitet, als ob er für all die Weisheit und Liebe, die er mir hatte zuteil werden lassen, ein Geschenk des Himmels erwarte. Als er seine Arme hochstreckte, erschien ein Lichtstrahl am Himmel. »Hast du das gesehen?«, rief er wie immer lebhaft und mit weit aufgerissenen Augen.

»Unglaublich. Was war das?«

»Ich weiß nicht recht«, erwiderte Julian. »Aber es hilft mir, einen Punkt zu unterstreichen, den ich dir schon den ganzen Morgen vermitteln wollte, Catherine.«

»Und der wäre?«

»Sei ein Licht. Sei deinen Kindern ein Licht und weise ihnen den Weg. Sei Jon ein Licht und erhelle sein Leben. Und sei in dieser Welt ein Licht, damit sie weiser, besser und friedlicher wird. Du bist eine so außergewöhnliche Frau. Bitte nimm meine Lektionen an und nutze sie, um dein großes Potenzial als Mensch, von dem ich überzeugt bin, auszuleben. Zeig dich bei allem, was du von nun an tust, von deiner besten Seite und gib dein Bestes. Sei ein Licht, wo Dunkelheit herrscht. Führe andere, die sie sich verirrt haben. Und vergiss nie, dass ein liebevolles Herz und ein reicher Geist diese Welt derart verbessern können, wie du es dir kaum vorzustellen vermagst.«

Mit diesen Worten beugte sich Julian nach unten, griff mit den Händen in die Erde und begann zu graben, immer tiefer. Dabei zeigte er die Entschlossenheit, die früher zu seinem erstaunlichen Erfolg geführt hatte.

Nach ein paar Minuten wilden Grabens hielt Julian inne. Schweißtropfen standen ihm auf der Stirn und sein Gewand war mit Schmutzflecken übersät. Er langte rasch in das gegrabene Loch und zog einen Gegenstand heraus, wie ich ihn noch nie gesehen hatte. Er war gut zehn Zentimeter groß, offensichtlich aus Stein und erinnerte an einen Menschen, der mit ausgestreckten Händen dasteht.

»Was ist das?«, fragte ich mit klopfendem Herzen.

»Das ist ein sogenannter Inukshuk. Sie stammen ursprünglich aus der Arktis, einer der am wenigsten besiedelten Regionen der Welt. Doch es ist eine Umgebung, die uns lehrt, wie wir leben sollten. Einer Inuit-Legende zufolge ist der

Inukshuk ein Führer, der uns auf der Reise unseres Lebens sicher geleitet und uns symbolisch an unsere Pflicht gemahnt, all denen den Weg zu erhellen, die verloren gegangen sind. Jahrhundertelang haben diese menschenähnlichen Steinfiguren die Reisenden durch die trostlose Arktis geführt und alle getröstet, die sich verirrt haben. Du, meine liebe Schwester, wirst nun zu einem Licht – zu einer Art Leitfigur –, das deine Familie, aber auch all die anderen Menschen, denen du begegnest, zu einer klügeren Lebensweise anleitet. Ich wusste, dass dieser Tag schließlich kommen würde. Während man mir in Indien die Augen für eine völlig neue Realität öffnete, ließ ich hier dieses Geschenk für dich vergraben. Ich wusste die ganze Zeit über nicht, wann ich es dir überreichen, und ich wusste auch nicht, ob es überhaupt noch da sein würde. Aber ich vertraute meinem Herzen und habe es nun genau dort gefunden, wo man mir gesagt hatte.«

Als ich den Inukshuk aus Julians Händen in Empfang nahm, sah ich, dass auf den Stein vier Worte gekritzelt waren. Sie lauteten schlicht: »Achte auf das Leben.« Mir kamen die Worte von Henry Miller in den Sinn, die Julian mit großen Buchstaben mitten an die Zimmerdecke geschrieben hatte:

Schenkt man etwas viel Aufmerksamkeit, selbst wenn es sich nur um einen Haufen Blätter handelt, wird es zu einer geheimnisvollen, ehrfürchtigen, unbeschreiblich herrlichen Welt.

Die fünfte Meisterschaft einer Führungspersönlichkeit in der Familie

Seinem Kind ein Vermächtnis schenken, sodass es unsterblich sein kann

Nur wenige haben die Größe, Einfluss auf die Geschichte zu nehmen. Ein jeder kann jedoch daran arbeiten, einen kleinen Teil der Ereignisse zu verändern, und insgesamt schreiben all diese Taten dann die Geschichte dieser Generation.

Robert F. Kennedy

Im Leben eines jeden Menschen kommt ein besonderer Augenblick, der Augenblick, für den dieser Mensch geboren wurde. Ergreift er diese besondere Gelegenheit, erfüllt sich seine Mission – eine Mission, für die nur dieser Mensch perfekt qualifiziert ist. In diesem Augenblick findet er zu seiner Größe. Dies ist seine edelste Stunde.

Winston Churchill

Ich war seit Jahren nicht in der Oxford Movie Hall gewesen. Das Kino galt in seinen besten Tagen als der schickste Ort unserer Stadt, um sich einen Film anzusehen, den Stars nahe zu kommen und einen tollen Samstagabend zu verbringen. Das Szenevolk war mittlerweile jedoch weitergezogen und die Besitzer hatten das Oxford verkommen lassen. Auch wenn dort noch Filme gezeigt wurden, waren es nie große Knüller, und es war immer nur halb voll.

Julian hatte sich an einem Dienstagabend um sieben dort mit mir verabredet; wir wollten uns einen Dokumentarfilm über Oseola McCarty anschauen – *The Washerwoman Who Touched the World.* Ich wusste weder etwas über die Doku noch über die Protagonistin, aber Julian meinte, es lohne sich, mehr über das Leben dieser Frau zu erfahren; und ich hatte Lust, mit meinem Bruder ins Kino zu gehen.

Sechs Wochen waren vergangen, seit ich im Garten von Miss Williamson die vierte Meisterschaft einer Führungspersönlichkeit in der Familie gelernt hatte – sie veränderte mein Leben auf schier wundersame Weise. Ich hatte mir Julians Ratschlag zu Herzen genommen und war zu einem

Mitglied des Fünf-Uhr-Clubs geworden. Zuerst war ich mir nicht sicher, ob ich jeden Tag so früh aufstehen konnte. Aber nachdem ich die ersten schrecklichen Wochen überstanden hatte, passte mir diese Gewohnheit vortrefflich. In den Stunden, die ich durch mein frühes Aufstehen gewann, beobachtete ich die Natur, meditierte und las die philosophischen Bücher, die Julian auf dem Kaffeetisch im Wohnzimmer liegen gelassen hatte. Oder ich nutzte die Zeit, um meine Tage zu strukturieren, mein Leben weiter zu planen und mich meinen Träumen hinzugeben. Oft saß ich morgens auch nur in unserem Haus, blickte aus dem Fenster auf den Rosengarten, den Jon und ich so liebten, und genoss die Ruhe und Stille. Diese stille Zeit ließ mich erkennen, wie ich mein restliches Leben verbringen wollte und inwiefern ich der Welt nutzen könnte, wenn ich zu der Führungspersönlichkeit wurde, die meine Familie verdient hatte. Der französische Philosoph Blaise Pascal sagte zu Recht: »Das Elend des Menschen rührt aus der Tatsache, dass er nicht in der Lage ist, in einem Raum allein für sich dazusitzen.«

Ich arbeitete mich in den sechs Wochen auf eine höhere Ebene des Denkens und Seins vor und erlebte neue Gedanken und Gefühle. Die Welt erschien mir nun besser und schöner, und mir wurde klar, dass auch ich eine bedeutende Rolle auf Erden spielte. Ich schenkte meinen Kindern und Jon mehr Liebe als je zuvor und bekam mehr Zuneigung, als ich für möglich gehalten hatte. Die Finsternis, die mein Herz immer umgeben hatte, lichtete sich langsam, und ich entdeckte allmählich an allem etwas Wunderbares. Alles kam so, wie Julian es mir vorhergesagt hatte.

Indem ich mir Julians Rat zu Herzen nahm und mich mehr um meinen Körper kümmerte, verbesserten sich mein Energieniveau und meine Stimmung enorm. Ich konnte mehr mit Jon und den Kindern unternehmen und genoss auch die zusätzliche Zeit für mich allein. Tagebuch zu schreiben half mir, mir darüber bewusster zu werden, wie ich lebte, und jeden Tag besser zu werden. Und der allwöchentliche Sabbattag verband mich auch wieder mit meinem inneren Elan und mit meiner Freude, die ich vor so vielen Jahren verloren hatte. Ich fühlte, wie »meine Größe« zur Geltung kam, wie Julian es ausdrücken würde, und ich dabei mein bestes Selbst hervorbrachte. Und wie mein Bruder es mir versprochen hatte, gab ich auch eine bessere Mutter ab, indem ich ein besserer Mensch wurde.

Aber ich muss auch gestehen, dass ich bisweilen traurig war. Obwohl er es nie offen aussprach, merkte ich doch, dass Julian uns verlassen wollte. Eines Abends beim gemeinsamen Abendessen fragte er Jon, wie lange es dauere, mit dem Bus nach Mexiko zu fahren. An einem anderen Abend bat er Porter, ihm eine Karte von Kanada aus dem Internet auszudrucken. Und wieder ein anderes Mal erhielt Julian ein FedEx-Paket mit dem Aufkleber »Informationen über Italien«. Ich wusste intuitiv, Julian war gekommen, um mir seine wichtigen Lebenslektionen zu vermitteln, und dass er sich anschließend ein neues Projekt suchen würde. Aber mein Verstand wollte einfach nicht akzeptieren, dass ich den

Rest meines Lebens ohne die erhellende Gegenwart meines geliebten Bruders verbringen sollte.

Zu meinem unguten Gefühl trugen auch die ständigen seltsamen Geräusche bei, die aus Julians Zimmer über der Garage drangen. Das Gehämmere, Gesäge und Geschmirgle dauerte manchmal endlos, bis Julian schließlich breit lächelnd auftauchte, wobei ihm die Sägespäne vom Gewand rieselten. Er sagte mir nicht, was er im Schilde führte, und ich fragte ihn nicht, was da oben vor sich ging. Henry David Thoreau schrieb einmal: »Jeder richte seine Schritte nach der Musik, die er hört, mag sie noch so gemessen und leise klingen.« Julian seinen Freiraum zu gewähren, bedeutete für mich, ihn seiner eigenen Melodie folgen zu lassen.

* * *

Als ich das Kino betrat, war von Julian nichts zu sehen. Er hatte mich gebeten, mich in die siebte Reihe zu setzen und ihm einen Platz zu reservieren, falls er zu spät käme. Als die Lichter erloschen, ging ein Platzanweiser in die Mitte des Saals; ein Scheinwerfer strahlte sein jugendliches Gesicht an. Er setzte zu einer kurzen Ansprache an: »Guten Abend, meine Damen und Herren. Danke, dass Sie heute Abend hier ins Oxford zu diesem neuen Dokumentarfilm über eine besondere Frau gekommen sind. Bitte stellen Sie Ihre Handys ab. Viel Spaß.« Im Kino war es jetzt absolut dunkel, die Titelmusik des Films setzte ein. Genau in dem Moment spürte ich, wie mir jemand auf den Arm klopfte. Ich schaute auf und sah Julian. Er hatte zwei große Tüten Popcorn, zwei große Flaschen Mineralwasser und eine Tüte Gummibärchen dabei. Der Rucksack auf seinem Rücken zog sein Gewand in Falten.

»Tut mir leid, dass ich so spät dran bin, Catherine. Ich habe zu Hause ein paar Sachen geputzt«, sagte er mit einem strahlenden Lächeln.

»Macht nichts, Julian. Ich fürchtete allerdings, du hättest mich heute Abend versetzt.« Ich lachte, als er sich hinsetzte und mir meinen Anteil am Proviant reichte.

»Aber nein, Catherine. Ich freue mich schon die ganze Woche auf diesen Abend. Der Film handelt von einer erstaunlichen Geschichte«, erwiderte er, beugte sich zu mir herüber und gab mir einen Kuss auf die Stirn.

Die Lebensgeschichte von Oseola McCarty war wirklich erstaunlich. Sie kam aus ärmlichen Verhältnissen und wuchs in einem winzigen Haus auf, das sie nur verließ, um Lebensmittel einzukaufen und in die Kirche zu gehen. Sie verdiente sich ihren Lebensunterhalt, indem sie die schmutzige Wäsche von anderen Leuten wusch und die paar Kröten, die sie dafür bekam, sorgsam sparte. Sie lernte nie Auto fahren und blieb unverheiratet – wobei sie allerdings mit Ende 80 zu einem Reporter sagte, sie suche noch immer nach einem »netten Mann«. Oseola führte ein einfaches, anständiges und karges Leben; sie legte pflichtbewusst das Geld, das sie im Lauf von Jahrzehnten Tag für Tag, Woche für Woche und Monat für Monat verdiente, auf die hohe Kante.

Eines Tages – mit 87 Jahren – suchte sie ihre Bank auf. Der Bankangestellte grüßte sie und fragte, ob sie überhaupt eine

Ahnung habe, wie viel Geld sie durch diese täglichen kleinen Einzahlungen im Lauf ihres Lebens angespart habe. Als sie zugab, sie habe keinen blassen Schimmer, lächelte er und informierte sie, dass über eine Viertel Million Dollar auf ihrem Konto lägen. Da er schon ahnte, dass Oseola nicht wusste, wie hoch diese Summe überhaupt war, nahm der Banker zehn Zehn-Cent-Münzen und legte sie auf den Tresen. »Diese zehn Münzen symbolisieren jetzt Ihr Geld, Oseola. Was wollen Sie damit anfangen?«

Sie deutete auf die erste Münze und gelobte, sie der Kirche zu spenden. Die nächsten drei Münzen waren für ihre geliebten Nichten und Neffen reserviert. Und dann machte sich auf Oseolas Gesicht ein Lächeln breit, als sie sagte, dass sie die restlichen Münzen für etwas Besonderes verwenden wollte.

Einen Monat später bekam die Universität in Oseolas Heimatstadt einen Scheck über 150 000 Dollar mit der Bitte, einen Stipendienfonds für arme Studenten einzurichten, damit sie ihre Träume realisieren könnten. Wie ich aus dem Dokumentarfilm erfuhr, berührte dieser wohltätige Akt viele Menschen auf der ganzen Welt. Oseola wurde von Präsidenten und Premierministern geehrt und erhielt sogar die Ehrendoktorwürde der Universität Harvard – Julians Alma Mater. Trotz all des Rummels wollte sie weiterhin so einfach wie bisher nach ihren Prinzipien leben. Doch einen Traum hatte sie sehr wohl – sie wollte den ersten Empfänger des von ihr begründeten Stipendiums auf dem Podium stehen sehen. Allerdings rechnete sie wegen ihres hohen Alters nicht damit, dass dieser Traum sich erfüllen würde. Doch einen Monat, bevor Oseola starb, schritt der erste Empfänger des Stipendiums zum Podium, um seine Urkunde in Empfang zu nehmen.

Nach Oseolas Tod rief ein Reporter den jungen Stipendiaten an und bat ihn um einen Kommentar zum Tod seiner Mäzenatin. Der Student erwiderte: »Der Himmel hätte keinen besseren Engel bekommen können. Sie war eine Inspiration, ein Segen, ein Schatz für die ganze Welt.«

Nachdem der Dokumentarfilm zu Ende war und die Zuschauer gegangen waren, unterhielten Julian und ich uns in dem leeren Kino.

»Aufgrund ihres Realitätssinns hat die Menschheit die Welt stets in erster Linie als Bühne für Helden betrachtet«, waren seine ersten Worte; er zitierte William James, den genialen Psychologen des frühen 20. Jahrhunderts. »Ich habe dich in dieses alte, fast vergessene Kino gebeten, um dir etwas Grundlegendes mitzuteilen.

Dein Leben, Catherine, ist eigentlich ein Heldenschauplatz. Widme die restlichen Tage deines Lebens – und es sind sicher noch viele – guten Taten im Sinn der Führungskompetenz und Freundlichkeit«, sagte Julian emotional. Ich wagte nicht, ihn zu unterbrechen.

»Denk an das Leben von Oseola McCarty«, fuhr er fort. »Sie hat für andere Leute gewaschen, um über die Runden zu kommen. Sie hat zurückgezogen in einem winzigen Haus gewohnt. Und dennoch hat sie der Welt durch ihre täglichen kleinen Beiträge Segen gebracht, indem sie jahrelang Groschen für einen guten Zweck sparte. Welch ein edles Vermächtnis diese Frau hinterlassen hat.«

»Ist es uns allen gegeben, so ein Vermächtnis zu hinterlassen?«, fragte ich leise.

»Absolut. Den Weisen zufolge sind wir alle darauf programmiert, mit unserem Leben etwas Besonderes anzufangen und im Herzen der anderen weiterzuleben, wenn wir diese Welt verlassen. Das Traurige ist, dass die meisten meinen, Herausragendes leisten zu müssen, um ein großes Vermächtnis zu hinterlassen. Nur dann wird, wie wir meinen, unser Leben gewürdigt und es erfüllen sich unsere höchsten Pflichten. Aber das erwartet gar keiner. Wir müssen nur eines tun, um auf Erden ein bedeutsames Zeichen zu setzen: tagtäglich kleine Taten menschlicher Größe zu vollbringen. Handeln wir so, regelt sich das mit unserem Vermächtnis von selbst.«

»So wie Oseola McCartys kleine, scheinbar unbedeutende Tat, täglich ein paar Groschen auf ihr Bankkonto einzuzahlen, am Ende ihres Lebens zu etwas Riesengroßem geworden ist?«, fragte ich.

»Genau«, erwiderte Julian und schaute zufrieden drein. »Tu Kleinigkeiten liebevoll und aufmerksam, dann regeln sich die großen Angelegenheiten von selbst. Und genau darum geht es bei der fünften und letzten Meisterschaft einer Führungspersönlichkeit in der Familie: *Seinem Kind ein Vermächtnis schenken, sodass es unsterblich sein kann.*«

»Mann, das klingt ja unglaublich«, sagte ich sowohl aufgeregt als auch traurig – schließlich war dies die letzte Lektion, die ich von Julian lernen sollte.

»Das ist die wichtigste Meisterschaft überhaupt, Catherine. Lehre Porter und Sarita, dass es letztlich ihr Schicksal als Menschen ist, für mehr als nur sich selbst zu leben. Und wenn sie, so wie ich sie einschätze, diese Herausforderung annehmen, werde sie unsterblich sein; indem sie im Herzen der Menschen, deren Leben sie berührt haben, weiterleben.«

Genau in dem Moment flimmerten die Worte »schicksalshafte Bilder« über die Leinwand. »Hast du das arrangiert, Julian?«

»Nein«, antwortete er, »aber es passt gut. Weißt du, wir alle haben eine lebenswichtige Mission, der wir folgen müssen, wenn wir ein wirklich erfülltes Leben führen wollen. Denke an das, was Václav Havel einmal gesagt hat: ›Der wirkliche Prüfstein eines Menschen ist nicht, die Rolle zu spielen, die er sich wünscht, sondern die Rolle zu spielen, die das Schicksal für ihn vorsieht.‹«

»Und was kann ich tun, damit Porter und Sarita ihre ›lebenswichtige Mission‹ für sich entdecken?«

»Ganz einfach«, erwiderte Julian. »Leite sie an, auf das sanfte Flüstern der heiligsten Stelle in ihrem Herzen zu hören.«

»Bitte erklär mir das«, forderte ich Julian auf, als gerade jemand vom Reinigungspersonal hereinkam, um den Boden aufzuwischen.

»Guten Abend, Mr. Mantle«, sagte der Mann.

»Julian, ja kennt dich denn jeder?«, fragte ich erstaunt. »Ich meine, wieso kennt dich dieser Mann vom abendlichen Putztrupp in diesem Kino?«

»Weil ich in den letzten Wochen schon an die zehnmal hier war, um mir diesen Dokumentarfilm anzusehen«, erwiderte er mit einem Lachen. »Die Geschichte von Oseola ist mir eine gute Lehre. Sie erinnert mich, wie wichtig mein Beitrag ist; also – achtsamer zu leben, indem ich für andere da bin – zum Wohl der Welt. Aber um deine Frage zu beantworten: Auf das sanfte Flüstern der heiligsten Stelle in seinem Herzen zu hören bedeutet, das Rufen aus seinem Inneren zu vernehmen und ihm dann zu folgen. Manchmal hören wir dieses Flüstern, wenn wir völlig eins mit der Natur sind, beispielsweise wenn wir einen einsamen Waldspaziergang unternehmen oder auch an einem prächtigen Herbsttag. Manchmal hören wir dieses Flüstern, wenn wir uns mit Stille konfrontiert sehen – bei der Meditation oder jeder anderen Form von Kontemplation. Und manchmal dringt dieses Rufen in den dunkelsten und scheinbar hoffnungslosesten Momenten zu uns, zum Beispiel wenn ein geliebter Mensch stirbt oder wenn unsere Träume in die Brüche gehen. Der springende Punkt bei dieser Weisheit ist: Sei aufmerksam und werde deiner inneren Stimmen gewahr, die dich auf dem Weg deines Schicksals leiten. Höre auf das, was dein Herz dir sagt. Und verpflichte dich, deine Mission zu leben, damit du ein großes Vermächtnis hinterlässt.«

»Ich weiß nicht recht, wie ich das meinen noch so jungen Kindern beibringen soll«, gestand ich.

»Das kannst du am besten beurteilen, Catherine. Sie sind zwar noch klein, aber vielleicht kommst du zu dem Schluss, dass du ihnen jetzt schon beibringen kannst, wie wichtig es ist, auf ihr Herz zu hören und auch für andere Menschen da zu sein. Zumindest solltest du ihnen vermitteln, wie essenziell Momente der Stille auch für sie sein werden. Später kannst du ihnen dann sagen, dass sie sich deiner bedingungslosen Liebe und Unterstützung sicher sein können, ungeachtet was einmal beruflich aus ihnen wird. Vermittle ihnen, wie wesentlich Zeiten der inneren Einkehr sind, um sich weiterzuentwickeln. Inspiriere sie zu großen Träumen und zu der Erkenntnis, dass sie erfolgreich sein werden, wenn sie ein bedeutsames Leben führen, also ihren Beitrag zum Wohl der Welt leisten. Ermutige sie, sich selbst immer wieder zu fragen: ›Wie kann ich der Welt wirklich dienen und nutzen?‹ Eine andere hervorragende Frage ist: ›Wie kann ich meine Zeit und Talente am besten einsetzen?‹ Kierkegaard behauptete einmal, die Hauptverantwortung des Menschen sei, ›eine Idee zu entdecken, für die er leben und sterben kann‹. Dem stimme ich zu. Wer einen Grund findet, für den er sogar sterben würde, ein Ziel, das wenigstens ein Leben verbessern hilft und das ihm auf der Seele brennt, der lebt wirklich. Und von diesem Moment an unterstützt das gesamte Universum den eigenen Erfolg.«

»Wirklich?«

»Ganz bestimmt«, erwiderte Julian zuversichtlich. »Das Universum hält für jeden von uns einen großartigen Plan bereit. Sobald du deinen Plan herausgefunden hast, und du begonnen hast, auf dieses Ziel hin zu arbeiten, springt der Funke über. Meine letzte Lektion für dich ist somit: Vermittle deinen intelligenten, wunderbaren Kindern, dass ein Mensch

Größe erlangt, indem er mit seinem Leben etwas anfängt, das über ihn selbst hinausreicht.«

»Du meinst, etwas in Gang zu bringen, das nach dem Tod weiterlebt? Ein Vermächtnis?«

»Ja. Schau, das größte Herzensanliegen des Menschen ist, für etwas Wichtigeres als sich selbst zu leben. Wenn Porter und Sarita nur diesen einzigen Punkt verstehen, dann werden sie so erfolgreich sein, dass du staunen wirst. Die Rede ist hier von Erfolg im wahrsten Sinn des Wortes; Erfolg, der weit über einen schnittigen in der Auffahrt geparkten BMW hinausgeht oder einen schicken Anzug, den man in der Arbeit trägt. Ich rede hier von der Art Erfolg, der die Welt mit Licht und mehr Liebe bereichert. Ich rede hier von Erfolg, der die Menschen veranlasst, nach mehr zu streben und mehr für andere zu tun. Ich spreche von der Art Erfolg, der dich zur stolzesten Mutter auf Erden macht.«

»Da bin ich sprachlos«, sagte ich und Tränen stiegen mir in die Augen.

»Jeder Einzelne – nicht nur als Vater oder Mutter, sondern jedermann – sollte sich überlegen: ›Wofür wird mein Leben nach meinem Tod stehen?‹ Es gilt, über unsere Fußspuren nachzudenken, die verbleiben, und inwiefern künftige Generationen von unserer Existenz erfahren werden. Natürlich können wir nicht alle Gandhis und Mutter Teresas sein; ihnen waren diese besonderen Wege vorbestimmt. Aber wir alle sollten so leben, dass wir über unser Dasein hinausreichen. Wir sollten weder oberflächlich sein noch uns beklagen, dass sich niemand um uns kümmert. Stattdessen sind wir gefordert, für die Welt zu sorgen und unsere Tage mit Mitgefühl, Fürsorge und Interesse an anderen zu füllen. Wir müssen uns von den Fesseln befreien, die unser Denken einschränken und uns kleinlich handeln lassen, und es wagen, unser bestes Selbst zu erkennen. Auf diese Weise zu handeln und zu sein, Catherine, heißt wirklich zu leben. Beschenke deine Kinder mit dieser Weisheit; dann handelst du vorbildlich als Mutter. Lebe nach diesen Grundsätzen, dann bist du mit Sicherheit ein großartiger Mensch.«

»Danke, Julian«, erwiderte ich liebevoll, als Julian sich zu mir neigte, um mich zärtlich zu umarmen. Wärme und tiefe Gefühle erfüllten mich.

»Catherine.«

»Ja«, antwortete ich und machte mich auf das Schlimmste gefasst.

»Heute Abend bin ich zum letzten Mal mit dir zusammen. Ich habe mich von Jon und den Kindern bereits verabschiedet, nun zu dir. Das ist der schwerste Abschied meines Lebens. Ich wünschte, ich könnte bis ans Ende meiner Tage mit dir zusammenleben, aber das ist nicht meine Aufgabe. Ich habe den Großen Weisen von Sivana versprochen, ihre Weisheit, die sie mir so großzügig zuteil werden ließen, allen weiterzugeben, die ihrer bedürfen. Und dieser Mission muss ich mich jetzt widmen. Ich liebe dich sehr und bin stolz auf das, was du tust, und darauf, wie du dich entwickelt hast. Du hast die fünf Meisterschaften mit offenen Armen aufgenommen und leitest deine Familie nun wunderbar an. Du bist eine kluge Führungspersönlichkeit und ein kraftvolles Licht und wirst deinen Lieben und anderen in deinem Umfeld vermitteln, wie sie hier auf Erden am besten leben.«

Julian schloss daraufhin die Augen und faltete die Hände nach der indischen Tradition. »Ich würdige das Beste in dir, meine kleine Schwester. Ich werde auf deiner Lebensreise immer bei dir sein. Ich werde stets in deiner Nähe sein, während du die Herausforderungen des Lebens meisterst. Ich werde dir immer meine tiefe brüderliche Liebe schenken, so wie du deine Familie liebst.« Nach einer langen Pause fügte er hinzu: »Mögen die traurigsten Tage deiner Zukunft glücklicher sein als die glücklichsten Tage deiner Vergangenheit, Catherine. Ich liebe dich.«

Und mit diesen Worten küsste mich Julian sanft auf die Stirn, strich sich die Popcornkrümel vom Gewand und eilte aus dem Kino. Hier hatte ich nun also gelernt, worum es beim Heldentum im Geschenk unseres Lebens geht.

Ich muss noch eine Ewigkeit auf meinem Platz gesessen haben; mein Herz trauerte über meinen Verlust. Doch schließlich stand ich auf, um auch zu gehen. Jon wunderte sich bestimmt schon, wo ich steckte, und ich musste noch die Schulverpflegung der Kinder für den nächsten Tag herrichten. Als ich zur Tür gehen wollte, fiel etwas scheppernd von dem Stuhl, auf dem Julian gesessen hatte. Ich hob es auf und nahm es mit auf die Straße hinaus, wo mich ein unglaublich schöner Vollmond begrüßte.

Es war der Schlüssel zu Julians Zimmer über der Garage. Daran hing ein Schildchen mit getippter Aufschrift: *Der Schlüssel zur Weisheit liegt in deinen eigenen vier Wänden.* Ich wusste nicht recht, was Julian damit meinte, aber ich steckte den Schlüssel in die Tasche, wischte mir die restlichen Tränen vom Gesicht und machte mich auf den Heimweg zu meiner Familie.

Spontan wollte ich zuerst in Julians Zimmer schauen. Ich stieg die Treppe hinauf und steckte den Schlüssel ins Schloss. Julian hatte mir das Licht angelassen. Als ich das kleine, makellos saubere Zimmer betrat, bot sich mir ein erstaunlicher Anblick.

Der ganze Raum war in eine herrliche Bibliothek umgestaltet worden; auf den schönsten Regalen, die ich je gesehen hatte, standen kunstvoll gebundene Bücher. Der Duft von Sandelholz lag in der Luft; ein Gefühl tiefen Friedens durchströmte plötzlich meinen Körper. Ich betrachtete die Bücher, es waren Titel wie *Handbuch der Moral und Unterredungen* von Epiktet, *Wie soll man leben?* von Mark Aurel und *Von den Wohltaten* von Seneca. Die Sammlung war liebevoll zusammengestellt und mit enormer Sorgfalt angeordnet.

Dann fand ich einen Zettel von Julian, auf dem zu lesen stand:

Meine Liebe zu dir, Porter, Sarita und Jon lässt sich nicht in Worte fassen, deshalb will ich es erst gar nicht versuchen. Stattdessen, liebe Catherine, mache ich dir das größte Geschenk, das ich kenne – die Gabe der Weisheit. Diese Bibliothek mit einigen der bedeutendsten Bücher, die je geschrieben wurden, ist für Porter und Sarita bestimmt. Ich hoffe sehr, dass du und Jon mit euren wundervollen Kindern viele glückliche, freud-

volle Stunden hier oben verbringen werdet. Und wenn ihr alle Seite um Seite von diesen außergewöhnlichen Büchern lernt, denkt ihr vielleicht ja manchmal an mich.

Unterzeichnet war der Zettel mit: »Mit Liebe und Führungskompetenz von deinem Bruder Julian.«

* * *

Als ich unsere neue Bibliothek verließ und die erst kürzlich gestrichene Treppe nach unten ging, tanzte mein Herz vor Freude. Ich empfand eine prickelnde Vorfreude angesichts der vielversprechenden Zukunft unserer Familie. Ich fühlte mich klüger, glücklicher und erfüllter denn je. Als ich mein Heim betrat, hielt ich inne und lauschte dem Lied, das leise aus dem offenen Fenster in Julians Zimmer erklang. Er hatte den CD-Spieler laufen lassen. Die Worte, die ich hörte – »What a Wonderful World« – trieben mir die Tränen in die Augen. Und dann zauberten sie mir ein Lächeln ins Gesicht.

Über den Autor

Robin Sharma ist einer der renommiertesten Experten zum Thema Führungskompetenz in Nordamerika und Autor von mehreren Büchern, darunter die internationalen Bestseller *Der Mönch, der seinen Ferrari verkaufte* und *Julians Weg* oder *Die Sieben Stufen zum Glück*. Darüber hinaus gilt Robin Sharma als Star unter den Vortragsrednern; er spricht jährlich bei mehr als 85 Konferenzen von FORTUNE-500-Unternehmen sowie bei anderen Organisationen, die ihre Mitarbeiter zu größerer Führungskompetenz inspirieren wollen.

Der ehemalige Anwalt mit zwei Jura-Abschlüssen, inklusive eines Master of Law, ist Gründer und CEO von Sharma Leadership International (SLI), ein Unternehmen, das eine breite Auswahl an Dienstleistungen und Produkten anbietet, die Berufstätige anleiten, ihr Potenzial auszuschöpfen und ihren Beitrag für die Welt zu leisten. SLI unterhält Büros in San Francisco und Toronto und betreibt zudem das angesehene Robin Sharma Coaching Program™, ein revolutionäres Trainingsprogramm. Dieses bietet die einzigartige Möglichkeit, ein Jahr lang mit Robin Sharma als persönlichem Coach zu arbeiten, um das eigene Leben nach Wunsch zu gestalten. Sharma Leadership International hält außerdem das

Monthly Coach® Program bereit. Es handelt sich um einen Club, für den Robin Sharma jeden Monat neues Material wie Bücher und Audioprogramme zusammenstellt. Ziel ist, die eigene persönliche Entwicklung zu fördern und generell das individuelle Leben zu bereichern.

Weitere Informationen zu Lernprogrammen und Produkten siehe www.robinsharma.com.